Dass ihr euch ja nich' schietig macht!
111 Lieder und Spiele von Hamburger Straßen und Höfen

Impressum
© 2000 für diese Ausgabe
Dölling und Galitz Verlag GmbH, Ehrenbergstr. 62, 22767 Hamburg
Soweit der Verlag prüfen konnte, sind die abgedruckten Fassungen der Lieder und Texte urheberrechtlich frei.
Herausgeber: Peter Unbehauen
Gestaltung: Wilfried Gandras
Lektorat: Dagmar Deuring
Herstellung: Antje Andermann
Notensatz: Peter Unbehauen
Schrift: Linotype Ergo von Gary Munch
Druck und Bindung: Passavia Druck, Passau
Printed in Germany
ISBN 3-930802-99-6 ohne CD
ISBN 3-933374-71-5 mit CD

        Die Deutsche Bibliothek – CIP-Einheitsaufnahme

Dass ihr Euch ja nich' schietig macht : 111 Lieder und Spiele von
Hamburger Strassen und Höfen / hrsg., aufgezeichnet und mit Noten
vers. von Peter Unbehauen. – Hamburg : Dölling und Galitz ;
[Hamburg] : Hinz und Kunzt, 1999
    (Hinz-&-Kunzt-Buch)
    ISBN 3-930802-99-6

Dass ihr euch ja nich' schietig macht!

111 Lieder und Spiele von Hamburger Straßen und Höfen
herausgegeben, aufgezeichnet und mit Noten versehen
von Peter Unbehauen

Dölling und Galitz Verlag
Hinz & Kunzt Buch

Vorwort

Allenthalben und allüberall hört man heute Klagen über die Abtötung der kindlichen Phantasie. Kinder, so heißt es, zeigten sich in ihrem Verhalten vielfach passiv und abgestumpft. Die Überschüttung der Kinder mit vorgefertigen Spielzeugen, der Einfluß der Neuen Medien wird dafür verantwortlich gemacht.

Das vorliegende Buch macht derartig pessimistischen Ansichten den Garaus und wird die Schwarzseher vom Gegenteil überzeugen, denn Kinder singen und spielen wie eh und je!

Bei den hier aufgezeichneten Liedern handelt es sich weniger um altbewährte Lieder wie sie vielfach in hübschen Ausgaben in Bibliotheken – sozusagen als »Kulturgut der Nation« – vorzufinden sind, sondern um eigene Erfindungen und Umdichtungen. Anregungen und Stoff zu diesen *Schmuddelliedern* finden die Kinder fast

überall. Die Kreativität der Kleinen wird durch Texte uralter Kalauer, Klassiker, der Werbung und durch Schlager animiert und inspiriert. Wach und phantasievoll greifen die Kinder auf, was ihnen im alltäglichen Leben vor das Ohr kommt und verarbeiten es zu eigenen Kompositionen und Texten.

Für die Entstehung des Buches hat Peter Unbehauen die Schüler seiner Musikschule nach ihren Liedern gefragt und sich diese vorsingen lassen und notiert. Dabei hat er festgestellt, dass sich die Lieder zum Teil von Stadtteil zu Stadtteil unterscheiden und unendliche Variationen hervorbringen. Peter Unbehauens Sammlung von Kinderliedern hat den plötzlichen und positiven Nebeneffekt, daß auch ältere Menschen anfingen, Erzählungen, Lieder und Spiele ihrer Kindheit aus dem Gedächtnis hervorzukramen.

Beim Durchblättern des Buches werden Leserinnen und Leser jeden Alters vertraute Lieder wiederfinden – ein Beweis dafür, dass die Lieder unter den Kindern weitergegeben und von Generation zu Generation vererbt werden. Das Buch ist aber keineswegs nur als Gedächtnishilfe zu verstehen, sondern informiert zudem über die Hintergründe einiger Lieder.

In erster Linie soll das Buch jedoch zum Weitersingen und -spielen anregen und und viel, viel Spaß machen.

Der Titel dieses kleinen Büchleins verdankt sich einem Lied, aufgezeichnet von Uwe Storjohann.

Dagmar Deuring

Eimsbüttler Soziologie

Speelt nich mit de Görn von 'ne Marthastraat, de Ös hebbt Fleu
un Lüüs
Un Bakterien hebbt se ok un Roten in ehr Hüs!
Frau Meier liebt das Feine, was ein' auch nicht verdutzt
wo doch ihr Mann der Jonny, bei Schümann Austern putzt
Drei Kinder hat Frau Meier, Karl, Kurt und Bübilein,
den'n schärft sie jeden Morgen Betragensregeln ein:
Dass ihr euch ja nich schietig macht –
un keine unanständigen Wörter in das Mundwerk nehmen tut
und vor allem merkt euch eins:

Frau Meier wohnt Suterein links, Eichenstrasse 3
An ihre Schwester Elly da kuckt sie nun vorbei,
Die Elly hat 'ne Karre mit Schellfisch, Aal und Stint
und inne Marthastrasse, da kennt sie jedes Kind.

Und wenn die Rotzschnuten sich so richtig schön schietig gespielt
haben und mit di Fische auf Tante Ellys Karre um die Wette stinken tun, denn streichelt Tante Elly die Bagasche mit ihren frischen
und feinen fetten Fischfingers durch die süßen Strubbelhaare und
sagt:

Speelt nich mit de Görn von de Eekenstraat
de lööpt as Mai-Oops rüm,
un Sünndags süht se ut as wek vun dat Panoptikum

Der Ällste von Fru Meier, links Eichenstrasse 3,
de bollst nich mit'n Fußball, der spielt nur noch Hockey
ischa genau wie Tennigs bloß mit Stöcken auf Erde!
Un sein Hockeyschläger, den trägt er im Etui,
grad wie sein Vater Jonny den schwarzen Paraplui.

Un wenn die beiden da een Sonntags ihre feinen, eischen Bibis auf
die Frisuren sitzen haben – Junge, Junge – denn hat das ganze
Eimsbüttel seinen Sonntagsspaß! Und die Pomade duftet bis in
die Marthastrasse.
Da kommt denn Tante Elly so richtig schön in Fahrt :

Speelt nich mit de Görn von de Eekenstraat,
de pedd sik op den Slips,
un wo de annern Bizeps heppt,
dor heppt se okk keen Grips!
Jawohl, so is dat mit de Eimsbüttler Soziologie!

Die Noten in diesem Liederbuch

Die Lieder in diesem Buch sind nach der Maxime *Leicht spielbare Lieder müssen auch leicht aussehen* notiert.
- Es wurde vollkommen auf die Notierung von Pausen verzichtet.
- Der Notenschlüssel steht vor dem ersten Lied und gilt für alle folgenden Lieder.
- Nur bei Liedern, die nicht im Viervierteltakt stehen, wird dies angegeben.

Alle Lieder in diesem Buch sind sehr leicht nach Noten zu spielen. Voraussetzung ist, dass die folgenden Noten bekannt sind. Mit zwei Sprüchen lassen sie sich leicht merken. Der Anfangsbuchstabe jedes Wortes gibt den Namen der Note an. Zunächst die Noten, die zwischen den Linien liegen:

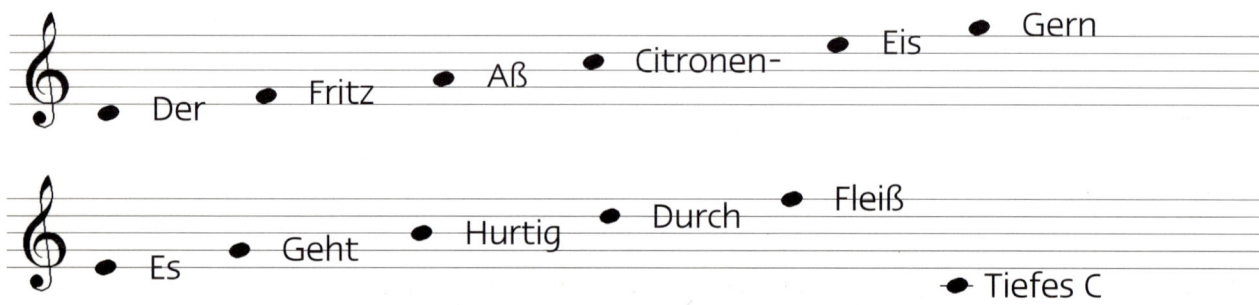

Die Gitarrenakkorde in diesem Liederbuch

Nur vier Akkorde werden benötigt, um fast alle LIeder begleiten zu können:

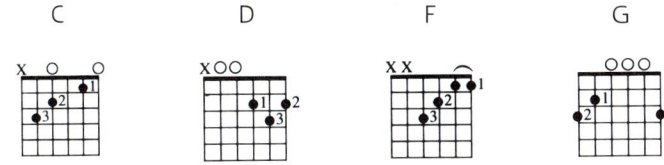

Im Lied *Wenn ich vorm Spiegel steh* taucht zusätzlich der A-Akkord auf:

A

In *Ein Paar rote Ringelsöckchen* und in *Und sie schrien nach Klopapier* wird ferner der B-Akkord benötigt. Diesen erhält man, indem man den F-Akkord in den sechsten Bund verschiebt.

Abends, wenn der Mond scheint

A- bends, wenn der Mond scheint zum Städ- te- le hi - naus, dann scheint er so hell ü - ber
Mül- lers ih- rem Haus. Das soll sein, küh - ler Wein, das soll jetzt Frau Mül - ler sein.

2. Darinnen wohnt ein Mädchen, wird Lena genannt,
die hat sich verliebt in Martin seine Hand.
3. Hannes klopft ans Fenster: Mariechen, komm heraus,
ich will dir mal was sagen, du bist ja meine Braut.
4. Da unten an der Ecke, da steht ein Hollerbusch,
da gaben sie sich beide den ersten Hochzeitskuss.

Abends, wenn der Mond scheint

In die kleinen Liebesgeschichten setzen die Kinder ihre richtigen Namen ein: sie stellen sich in eine Reihe und bilden die Hauswand. Ein Kind kommt von außen als Liebhaber und geht zögernd auf das Haus zu und wieder zurück. Zum Schluss wählt es seine Geliebte aus, die nun seine Rolle übernimmt.

Abends, wenn der Mond scheint hat zwar ein paar textliche Anklänge an *Muss i denn zum Städtele hinaus*, die Melodie liefert aber *Lang, lang ist's her* in leicht veränderter Form. Der Schlussteil geht nach der Melodie von *Taler, Taler, du musst wandern*. Helga Willfang, 59, aus Bremen erinnerte sich an dieses Lied aus ihrer Kindheit, die dritte und vierte Strophe stammen aus der Sammlung von Hans Apel.
Wie in vielen Kinderliedern taucht auch hier der Hollerbusch, der Holunder, auf. Früher hütete man sich, ihn abzuholzen und zu verbrennen, weil man glaubte, auf diese Weise Unglück und Tod

auf sich zu ziehen. Dem Hollerbusch wurden aber auch gute Kräfte nachgesagt. Berührte man ein Kranken hieß es, so ginge die Krankheit auf den Strauch über und der Kranke wäre geheilt. Gegen Hexerei und bösen Zauber konnte er auch als Abwehrmittel dienen - vielleicht wurden darum in Friesland Tote vielfach unter Holunderbüschen bestattet. Schließlich wird überliefert, dass Judas, der Jünger, der Jesus verraten hatte, sich an einem Holunder erhängt habe.
Hier das bekannteste Hollerbusch-Lied:
Ringel, rangel, Rosen, schöne Aprikosen,
Veilchen und Vergissmeinnicht, alle Kinder setzen sich.
Sitzen unterm Hollerbusch, machen alle husch, husch, husch.

Ach, lieber Schuster du

Ach, lie - ber Schus - ter du, flick du mir mei - ne Schuh! Die
Schu - he sind ent - zwei, der Schus - ter macht sie neu. Wer
weiß, wie das noch wer - den wird, wer weiß, wie das noch wird.

Ach, lieber Schuster du

Kreisspiel: Die Kinder bilden zwei Kreise, einen Innenkreis und einen Außenkreis. Im Innenkreis sind die Schuster, die bei *der Schuster macht sie neu* mit dem rechten Knie niederknien, damit ihre Kunden vom Außenkreis ihren rechten Fuß auf das linke Knie der Schuster stellen können. Bei *wer weiß, wie das noch werden wird* werden die Schuhe der Kunden pantomimisch genäht.

In Zeiten, als die Arbeit der kleinen Handwerker noch nicht durch die industrielle Massenproduktion ersetzt worden war, da war es der Leibschuster, der die Schuhe mit Leisten, Schusterahle und Klopf stein passgenau auf die Füße zuschnitt. Schuhe macht man, indem man Oberleder, Brandsohle und Laufsohle miteinander verbindet. Der Teufel steckt hier, wie immer, allerdings im Detail.
Der Flickschuster war dagegen jemand, der alten Schuhen mit Hammer, Nagel und Klebstoff wieder auf die Füße half, wie in diesem Lied. Kinder hatten früher höchstens ein Paar Schuhe, das pfleglich behandelt werden musste. Gingen die Schuhe entzwei, musste man mit Strafen rechnen oder den Schuster bitten, die Schuh zu flicken, am besten natürlich mit so einem freundlichen Liedchen. Der scheinbar aus dem Zusammenhang gerissene Nachsatz *wer weiß wie das noch werden wird ...* karikiert die fatalistischen Stoßseufzer der Mutter, wenn ihr mal wieder alles über den Kopf gewachsen ist. Mit den Schustern schwanden auch die Schusterjungen, sie führen jedoch ein zweites Leben in der Schriftsetzersprache, die recht ungebrochen die gesellschaftlichen Werte bzw. Vorurteile weiter transportiert. *Schusterjungen* – die erste Zeile eines neuen Absatzes, die am Ende einer Spalte oder Seite steht – gelten ebenso als unschön und sollen vermieden werden wie die *Hurenkinder*, die letzte Zeile eines Absatzes, die oben auf einer neuen Spalte oder Seite steht.

Als ich einmal reiste

G   D   G

Als ich ein- mal reis- te in das Sach- sen- Wei- mar- Land,

da war ich der Kleins- te, das ist der Welt be- kannt.

2. Murmeltier muss tanzen, eins und zwei und drei und vier,
Murmeltier muss tanzen, kleines Murmeltier.
3. Alle Herrn und Damen standen schon vor meiner Tür,
wollten mich was fragen, kleines Murmeltier.

In der Sammlung von Hans Appel heißt es:
1. Murmeltier kann tanzen, tanzen nach Jerusalem,
Murmeltier kann tanzen, kleines Murmeltier.
2. Herren und Damen standen schon vor meiner Tür,
wollten mich beschauen, kleines Murmeltier.

Als ich einmal reiste

Kreisspiel: Im Murmeltier-Tanz gehen alle Kinder gehen im Kreis, während eines mit ausgestreckten Armen in der Mitte steht. Bei der zweiten Strophe beginnt es, sich um sich selbst zu drehen wie ein Kreisel. Iregenwann taumelt dieses Kreisel-Murmel aus der Mitte heraus und das Kind, das es auffängt, steht als nächstes in der Mitte.

Zu diesem Lied gibt es eine Vielzahl unterschiedlicher Strophen, Mal geht die Reise nach Jerusalem, mal nach Amerika, ins Tirolerland oder wie in der Version von Ulla Steinmann, 49, aus Rahlstedt (1999 aufgezeichnet) ins Sachsen-Weimar-Land. Das Herzogtum Sachsen-Weimar-Eisenach wurde 1918 Freistaat und ging 1920 im Land Thüringen auf.

Als ich in der Klicker-Klacker-Oberschule war

Als ich in der Kli - cker - Kla - cker - O - ber - schu - le war, da war ich vier - zehn Jah - re, ein

ganz ver - lieb - tes Kind. Ein Schü - ler, ganz ge - nau - so, der brach - te mich nach Haus, zum

Ab - schied schenkt er mir nen gro - ßen Blu - men - strauß. Die U - te saß am Fens - ter und

knack - te ei - ne Nuss, da kam der lie - be Bernd und gab ihr ei - nen Kuss. Da

war sie stink - sau - er und sah ihn nicht mehr an und drei Ta - ge spä - ter, da warn sie Frau und Mann.

Als ich in der Klicker-Klacker-Oberschule war

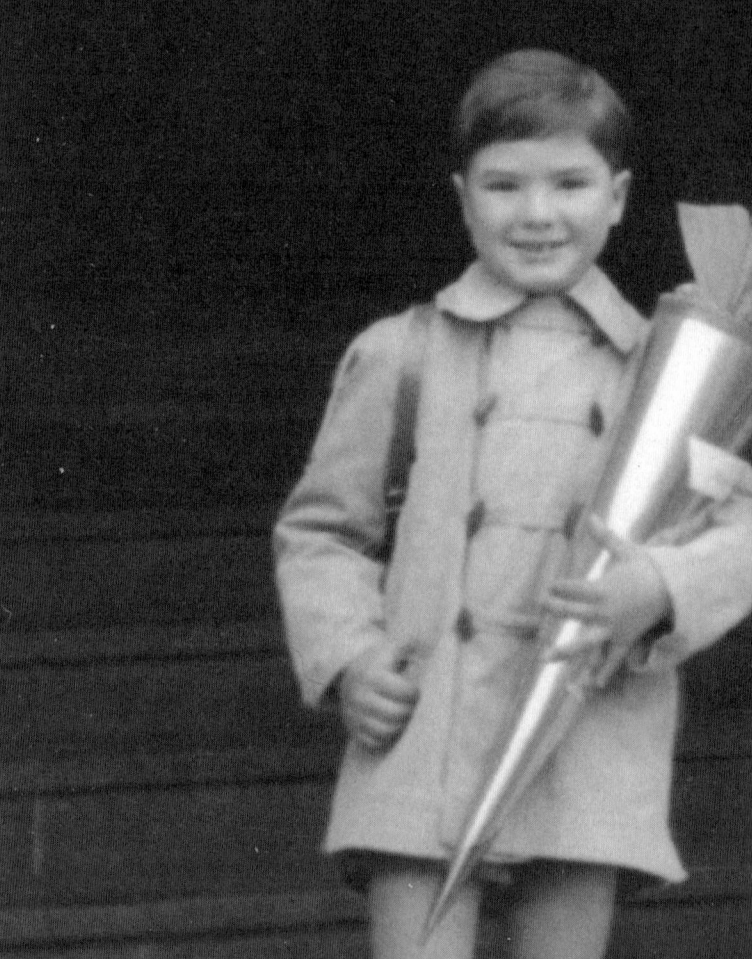

Klatschspiel: Zwei Kinder stehen sich gegenüber und
klatschen abwechselnd in die eigenen und gegen die
Hände des Spielpartners. Uhlenhorst, 1988

Als ich in der Klicker-Klacker-Oberschule war ist ein
naher Verwandter von Die vierzehn Tage sind vergangen. Die Spielweise hat sich allerdings geändert. Viele
der älteren Kreis- oder Reihenspiellieder werden
heute von den Kindern zu Klatschspielen gesungen. In
älteren Versionen dieses Liedes heißt es ein Schüler
des Gymnasiums. Woraus in dieser Version ein Schüler,
ganz genauso wird - einleuchtend, wenn man
bedenkt, welche Schwierigkeiten viele Kinder mit der
Aussprache des Wortes Gymnasium haben. Dass es in
der Liebe durchaus irrational zugehen kann, wird von
den Kindern im Schlusssatz des Liedes ganz trocken
konstatiert.

Als Susi noch ein Baby war

Als Su - si noch ein Ba - by war: uäh, uäh, uäh!

2. Als Susi dann in'n Kindergarten ging: Gleich hab ich ihn, gleich fress ich ihn!

3. Als Susi in die Schule kam: Herr Lehrer, ich weiß was!

4. Als Susi dann schon achtzehn war: Tschüs, Liebling!

5. Als Susi dann schon Mutter war: Ach, wie niedlich, ach wie süß!

6. Als Susi dann schon Oma war: Ach, mein Kreuz, ach, mein Kreuz!

7. Als Susi dann schon Urgroßmutter war: Sah sie aus wie Dracula!

8. Als Susi dann im Grabe lag: Endlich Ruhe, endlich Ruhe!

9. Als Susi dann in den Himmel kam: Flatter, flatter, pieks!

Als Susi noch ein Baby war

An'ne Eck steiht'n Jung mit'n Tüdelband

An 'ne Eck steiht 'n Jung mit 'n Tü-del-band, in 'ne an-ner Hand 'n Bod-der-brot mit Kees, wenn he

blos nich mit de Been in'n Tü-del kümmt un dor liggt he ok all lang op de Nees. Un he

ras-selt mit 'n Das-sel an 'n Kant-steen un he bitt sick ganz ge-heu-rig op de Tung. As he

op-steiht seggt he: Hett nich weh-don. Dat is 'n Klacks för son Ham-bur-ger Jung. Ja, ja, ja,

klaun, klaun, Äp-pel wullt wi klaun, ruck, zuck ö-bern Zaun. Ein

je-der a-ber kann das nicht, denn er muss aus Ham-burg sein.

2. An'ne Eck steiht'n Deern mit'n Eierkorf, in'ne anner Hand 'n groten Buddel Rum.
Wenn se blos nich mit de Eier op dat Ploster seilt und dor seggt da ok all lang bum-bum.
Un se smitt die Eier un den Rum tosomen un se seggt: So'n Eiergrog, den heff ick gern.
As se opsteiht, seggt se: Hett nich wehdon, dat is'n Klacks for so'n Hamburger Deern.

An'ne Eck steiht 'n Jung mit'n Tüdelband

Als Refrain werden auch folgende Varianten gesungen:
Sehn sie, das ist ein Geschäft, das bringt noch was ein,
ein jeder aber kann das nicht, denn der muss aus Hamburg sein.
Paul, Paul, zuckersüßer Paul, frisch rasiert ums Maul,
auf jedem Strumpf hat er ein Loch, aber reizend ist er doch.
Fiete, Fiete von ne Alm hett die Büx vull Qualm,
un hett he nich de Büx vull Qualm is he nich de Fiete von ne Alm.

Das Tüdelband, hochdeutsch *Trudelreifen*, ist ein heute in Vergessenheit geratenes Spielzeug. Es handelte sich dabei um Fassreifen, Gymnastikreifen oder alte Fahrradfelgen, die mit einem Stock angetrieben wurden. Ab den 30-er Jahren gab es auch extra als Spielzeug angefertigte Trudelreifen zu kaufen. Als Hula-Hoop-Reifen erlebte das Tüdelband eine kurze Renaissance in den frühen 60-er Jahren, da musste man es allerdings mit Hüftschwung kreisen lassen.

Die heute populäre und hier notierte Version von *An'ne Eck steiht 'n Jung* hat zuerst Alfred Büttner notiert. Er war Leiter der Niederdeutschen Singschar von 1919. Der Herausgebers dieses Buches hat bei ihm am Matthias-Claudius-Gymnasium Musikunterricht gehabt. Er notierte 1947 dieses praktisch in Vergessenheit geratene Lied nach mündlicher Überlieferung. Die erste Strophe geht auf *Een echt Hamborger Jung* der Gebrüder Wolf aus dem Jahre 1911 zurück. In diesem später von Helmut Glagla wiederentdeckten Originaltext heißt es noch nicht so schön wie in der vom Volksmund zurechtgesungenen Version *rasselt mit'n Düssel an'n Kanntsteen*, sondern ohne den schönen Schlägreim *sleit he mit'n Kopp an den Kantsteen*. Die zweite Strophe stammt nicht von den Gebrüdern Wolf, sondern wird Walter Rothenburg, dem Textdichter von *Junge, komm bald wieder*, zugeschrieben. Auch überregional bekannt wurde dieses Lied durch die Interpretation der Hamburger Schauspielerin und Sängerin Heidi Kabel.

Die Hamburger Originale Fiete Göttert und Tip l'Etienne singen und spielen für Quiddjes die erste Strophe auf Hochdeutsch:

An der Ecke steht ein Knabe mit einem Trudelreifen, in der anderen Hand ein Butterbrot mit Käse.

Wenn er nur nicht mit den Beinen durcheinandergerät und da liegt er auch schon lang auf der Nase.

Und er fällt mit dem Haupt an den Bordstein und er beißt sich ganz gehörig auf die Zunge.

Als er aufsteht, sagt er: Hat nicht geschmerzt, das ist ein Klacks für einen Hamburger Knaben.

Ja, ja, ja, stehlen, Äpfel wollen wir stehlen, eins, zwei, drei über die Einfriedigung.

Ein jeder aber kann das nicht, denn er muss aus Hamburg sein.

Der Vollständigkeit halber hier die weiteren Strophen der Gebrüder Wolf:

3. Op'n Fel'n dor fiert de Schooljungs jemmer Drokens op, wenn de Ostwind dor mol recht so'n beten weiht,

haben all die Drokens denn fix lange Steertens, jo denn suht man erst der Kinner jemmer Freid.

Ober kriegt dor mol twee Drokens dat Vertüdern und de eene Bengel kummt den annern krumm,

denn haut beide sick dor fix wat an den Döskopp, so geheurt sick dat for'n Hamborger Jung.

4. Heini! röpt de Mudder, sasst mi wol mol wat inholn von den Krömer und den Fettwarnhöker Knoop,

Hier is Geld, mien Jung, dat du dat nich verleern deist, doch de Slingel het dat heimlich doch versnopt,

Wie dat düster is, dor krabbelt he de Trepp rop, 'n bidden Reue het he gor nich erst empfunn'n,

He vertellt, dat Geld weur em in't Siel fulln, da passiert jeden Hamborger Jung.

5. Kommt in Hamburg mal so'n Strömer aus die Schule, hat die langen Büxen eben übers Bein,

denn mut he natürlich ok mol ne Cigarr smeukn, he het heurt, so'n Dings dat smeckt so bannig fein,

Obends krabbelt he gemütlich in o'n Eck rin, mookt twee Zuge ordnlich dorch de Lung,

Sien Gesicht, dat ward so bleek as wie so'n Koomkäs, dat riskiert jede Hamborger Jung.

6. Geiht man mittwochs oder freedags mol no Metscher, man die kleinen Dietleins all versammelt find't,

Oh, was kugeln die da immer mit die Augen, dass die Mädchens alle aus der Tüte sind,

Ab und zu da swingen sie auch mal das Beinchen, so'n klein Schieber kleid't so'n Dietlein ganz gelungn,

Fünf, sechs Brautens bringt er abends schon nach Hause, dat is 'n Klacks for'n echt Hamborger Jung.

Op'n Fel'n - auf dem Heiligengeistfeld, *Droken* - Drachen, *versnopen* - Geld für Süßigkeiten ausgeben, *Stromer* - Herumtreiber, *Dietlein* - Halbstarker, *Schieber* - Tanzstil, *Metscher* - Gaststätte am Hopfenmarkt

Aramm samm samm

A ramm samm samm, a ramm samm samm, gul - li gul - li gul - li gul - li gul - li ramm samm samm. A -

ra - fi, a - ra - fi, gul - li gul - li gul - li gul - li gul - li ramm samm samm.

Aramm samm samm

Leipzig, 1931. Ins Winterlicht hat uns das Spiel zunächst verklärt. Die Kinder sitzen im Kreis. Beim drangvoll zusammengeschobenen Sich im Rhythmus auf die Oberschenkel, bei qulli qulli wildern sie mit den Armen eine Wassermühle, bei samm werden die verschränkten Arme nach vorne geschleudert.

Auf einem Gummi- Gummiberg

Auf einem Gummi- Gummiberg

Gummi-Twist-Spiel: Für dieses Spiel braucht man ein 3-5 m langes Gummiband, meist wird ein weißes Hosengummi benutzt. Die beiden Enden des Gummibandes werden zusammengeknotet, zwei Kinder spannen es, indem sie es sich um die Knöchel legen und sich mit gegrätschten Beinen in ca. 2 m Abstand einander gegenüberstellen. Ein drittes Kind springt nun, mit beiden Beinen in die Mitte zwischen die beiden Bänder, auf die Bänder, darüber hinweg, es hüpft so, dass jeweils ein oder beide Bänder zwischen seine Beine geraten, es dreht sich die Bänder um die Füße und lässt sie beim Springen wieder los usw. Es lassen sich ganze Abfolgen von Sprüngen festlegen, die alle Kinder absolvieren müssen. Hat ein Kind sein Programm absolviert, wird das Band in die Kniekehlen und später noch höher geschoben. Macht es einen Fehler, darf ein anderes Kind weiterspringen. Bei Auf einem Gummi- Gummiberg springen die Kinder jeweils viermal im Rhythmus des Liedes immer dann, wenn *Gummi-Gummi* gesungen wird.
Altona, 1988

Der Gummi-Twist ist eine Erfindung aus den 60-er Jahren, als es noch üblicher war, Unterhosen zu reparieren. Damals kamen Kinder auf die Idee, dass sich ein langes Hosengummi für ähnliche Sprünge eignete, wie man sie vom Springtauspringen schon lange kannte. Da es beim Gummi-Twist viele Sprünge mit Drehbewegung gibt, lag es nahe, dies Spiel nach dem damals populären Tanzstil mit Hüftschwung, dem Twist, zu benennen. Auch heute noch ist Gummi-Twist bei Kindern beliebt. Mittlerweile bietet die Spielwarenindustrie regenbogenfarbige Gummi-Twist-Bänder an. Häufig spielen die Kinder den Gummi-Twist ohne Gesang und sind voll auf mit den schwierigen Sprüngen beschäftigt.

Auf einer bayrischen Bank

Auf ei - ner bay - ri - schen Bank, da saß ein bay - ri - scher

Mann, und die - ser bay - ri - sche Mann, der sag - te: Him - mel, Don - ner -

wet - ter, Herr Pro - fes - sor mit dem Mes - ser in der Hand! Still - ge - stan - den, stopp!

Auf einer bayrischen Bank

Klatschspiel: Der erste Teil dieses Liedes läuft als normales
Klatschspiel zwischen zwei einander gegenüberstehenden Kindern
ab. Bei "Himmel" drehen sich die der gegenüber die Kinder in die gewünschte
Übung. Hampelmann überbei stopp! Man ist nach, wenn man im
Rhythmus geblieben ist, mit geschlossenen Beinen auf dem
Boden. Wer mit gespreizten Beinen gelandet ist, muss sich umdre-
hen. Der Spielpartner klatscht jetzt den ersten Teil des Liedes auf
dem Rücken des anderen Kindes.

Dass bayrische Männer klettern rücken können, das weiß doch jedes
Kind.

Bei Müllers hats gebrannt

Bei Mül – lers hat's ge – brannt, brannt, brannt, da sind wir hin – ge – rannt, rannt, rannt. Da

woll – ten wir was klaun, klaun, klaun, da ha'm sie uns ver – haun, haun, haun.

2. Da kam ein Polizist, -zist, -zist, der schrieb uns auf die List, List, List.
Die List, die fiel in'n Dreck, Dreck, Dreck, da war mein Name weg, weg, weg.

3. Er hob sie wieder auf, auf, auf, da stand mein Name drauf, drauf, drauf.
Da lief ich schnell nach Haus, Haus, Haus zu meinem Bruder Klaus, Klaus, Klaus.

4. Der Klaus, der lag im Bett, Bett, Bett mit seiner Frau Elisabeth.
Elisabeth, die lachte, ihr Busenhalter krachte.

5. Ihr Arsch, der explodierte, das Baby rausmarschierte.
Elisabeth, die schämte sich und zog die Decke über sich.

Bei Müllers hats gebrannt

Klatschspiel: Zwei Kinder stehen sich gegenüber. Sie klatschen zuerst in eigene Hände, dann mit der rechten Hand gegen die rechte des Spielpartners, dann wieder in die eigenen Hände, dann mit der linken Hand gegen die linke, dann wieder in die eigenen Hände, und dann drei mal mit beiden Händen gegen die Hände des Partners. Jeweils bei den dreifachen Silbenwiederholung. Insgesamt ergibt sich also: klatsch-rechts - klatsch - links - klatsch - eins - zwei - drei. Diesen Bewegungsablauf wird während des ganzen Liedes beibehalten. Unterhorst (1988)

Bei Müllers hats gebrannt beschreibt das proletarische Milieu vergangener Tage, als alles unter den Augen der Kinder passierte. Auch der Polizist war noch nicht *Dein Freund und Helfer*.

Bei uns in Altona

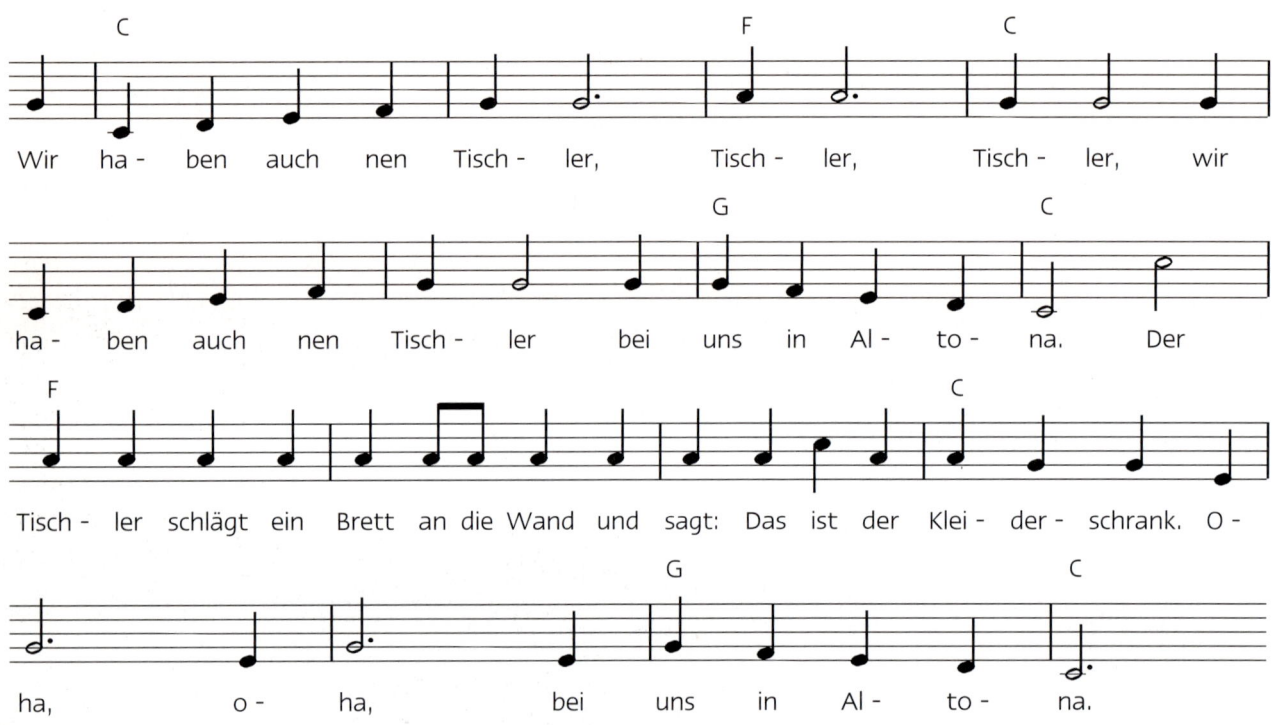

Wir ha- ben auch nen Tisch- ler, Tisch- ler, Tisch- ler, wir

ha- ben auch nen Tisch- ler bei uns in Al- to- na. Der

Tisch- ler schlägt ein Brett an die Wand und sagt: Das ist der Klei- der- schrank. O-

ha, o- ha, bei uns in Al- to- na.

2. Wir haben auch nen Bäcker... Der Bäcker schlägt die Fliegen tot und macht daraus Rosinenbrot...

3. Wir haben auch ne Feuerwehr... die Feuerwehr hat einen Spleen, die löscht das Feuer mit Benzin...

4. Wir haben auch nen Friedhof... Der Friedhof, der ist abgebrannt, da sind die Leichen weggerannt...

5. Wir haben auch nen Opa... Der Opa steht am Gartenzaun und hilft den Kindern Äpfel klaun...

6. Wir haben auch ne Oma... Die Straßen werden abgesperrt, weil unsre Oma Rollschuh fährt...

7. Wir haben auch drei Babies... Die Babies haben einen Glanz-Popo mit Schiebedach und Radio...

8. Wir haben auch nen Lehrer... Der Lehrer ist so furchtbar frech, der frisst den Kindern das Schulbrot weg...

9. Wir haben auch nen Michi... Der Michi ist so furchtbar toll, der pieschert noch die Hosen voll...

10. Wir haben auch nen Vater... Der Vater ist so dick und fett und passt nicht in das Ehebett...

Bei uns in Altona war ursprünglich ein plattdeutsches Handwerker-Spottlied, wie man an den Tischler- und Bäcker-Strophen sieht. Als *Tempelhoflied* ist es wohl um die Jahrhundertwende in Berlin entstanden und in Varianten auch anderswo gesungen worden - *Oho, oho, bei uns in Itzehoe*. Im Laufe der Zeit haben die Kinder es für ihre eigenen Bedürfnisse zurechtgesungen und beschäftigen sich mehr mit ihrem eigenen Umfeld. Die verschiedenen Strophen wurden bei Kindern in Bramfeld, Uhlenhorst, Eilbek und Altona 1988 aufgezeichnet.

Brüderchen, komm tanz mit mir 1

Brü - der - chen, komm tanz mit mir, bei - de Hän - de reich ich dir.

Ein - mal hin, ein - mal her, rings - her - um das ist nicht schwer.

Mit den Füß - chen trapp, trapp, trapp, mit den Händ - chen klapp, klapp, klapp.

Ein - mal hin, ein - mal her, rings - her - um, das ist nicht schwer.

Brüderchen, komm tanz mit mir 1

2. Mit dem Köpfchen nick nick nick, mit den Fingerchen tick tick tick ...
3. Ei, das hast du gut gemacht, ei, das hätt ich nicht gedacht ...
4. Noch einmal das schöne Spiel, weil es mir so gut gefiel ...

Tanzspiel: *Brüderchen* und *Schwesterchen* stehen sich gegenüber. Das *Schwesterchen* beginnt: *Brüderchen, komm ...* und streckt dabei die Arme aus. Bei beide Hände ergreift das andere die ausgestreckten Hände. Wie der Tanz weitergeht, erläutert das Lied besser als jede Anleitung.

Diese Melodie verwandte Engelbert Humperdinck (1854 – 1921) in seiner 1893 entstandenen Kinderoper *Hänsel und Gretel*. Dort antwortet Hänsel darauf *Brüderlein, komm tanz mit mir* mit folgender Strophe:
Tanzen soll ich armer Wicht, Schwesterlein, und kann es nicht.
Darum zeig mir, wie es Brauch, dass ich tanzen lerne auch.
Diese Strophe hat keinen Eingang in den Kinderliedschatz gefunden, während die Oper sonst sicherlich zur Verbreitung dieses Liedes beigetragen hat.

Brüderchen, komm tanz mit mir 2

Brü – der – chen, komm tanz mit mir, bei – de Hän – de reich ich dir.

Ein – mal hin, ein – mal her, rings- her – um das ist nicht schwer.

Brüderchen, komm tanz mit mir 2

Die zweite Melodie von Brüderchen... wird auch gesungen zu:
Eins, zwei, drei, vier, fünf, sechs, sieben, wo ist denn mein Schatz geblieben?
Ist nicht hier, ist nicht da, ist wohl in Amerika.

Kreisspiel: Die Kinder gehen mit suchendem Blick im Kreis. Bei ist nicht hier, ist nicht da zeigen sie mal in die eine, mal in die andere Richtung - doch nirgendwo ist der Schatz.

Eins, zwei, drei, vier, fünf, sechs, sieben lädt förmlich zum Weiterdichten ein. Amelie und Hannah, 7, aus Volksdorf haben uns diese drastische Version vorgesungen:
Eins, zwei, drei, vier, fünf, sechs, sieben, in der Schule wird geschrieben,
in der Schule wird gelacht, bis der Lehrer Pause macht.
Eins, zwei, drei, vier, fünf, sechs, sieben, in der Schule wird geschrieben,
in der Schule wird radiert, bis der Lehrer explodiert.
Kommt er in das Krankenhaus, steckt den Arsch zum Fenster raus,
Kommt ein Polizist, kriegt die Kacke ins Gesicht.

Charlie Chaplin

Char – lie Chap – lin ging ein - kau – fen in dem La – den dort. Das

ers - te war ein Hu – la - Hu – la - Hoop, das zwei – te war ein Chi – ne – sen - hut, das

drit - te war ein Cha – cha – cha, das vier - te war ein Char – lie Chap – lin.

Charlie Chaplin

Klatschspiel: Zwei Kinder stehen sich gegenüber und klatschen abwechselnd in die eigenen und gegen die Hände des Partners. Zwischendurch beschreiben sie pantomimisch das Geschehen: Bei In den Laden dort wird auf einen imaginären Laden gezeigt. Der Chinesenhut wird durch eine ausholende Bewegung über dem Kopf angezeigt. Der Hula-Hoop-Reifen wird durch Hüftkreisen dargestellt. Bei Chachacha wird dreimal in die eigenen Hände geklatscht. Bei Charlie Chaplin werden zuerst die Fußspitzen nach außen gedreht, dann die Hacken, dann wieder die Spitzen, dann wieder die Hacken, so dass die Kinder jetzt etwas breitbeiniger dastehen. So bleiben sie stehen bis zur nächsten Runde des Liedes, an dessen Ende sie mit den Füßen noch weiter auseinanderwandern. Das Spiel wird solange fortgesetzt, bis die Kinder fast im Spagat stehen.
Blamfeld und Uhlenhorst, 1988.

Melone, Bambusstöckchen, Oberlippenbärtchen, zu kleines Jäckchen und zu große Schuh, so hat man den Charlie Chaplin (1889-1977) der Stummfilmzeit vor unmittiertem Auge. Sein typischer Gang mit aufwärts gekehrten Füßen ist das Vorbild für dieses Spiel.

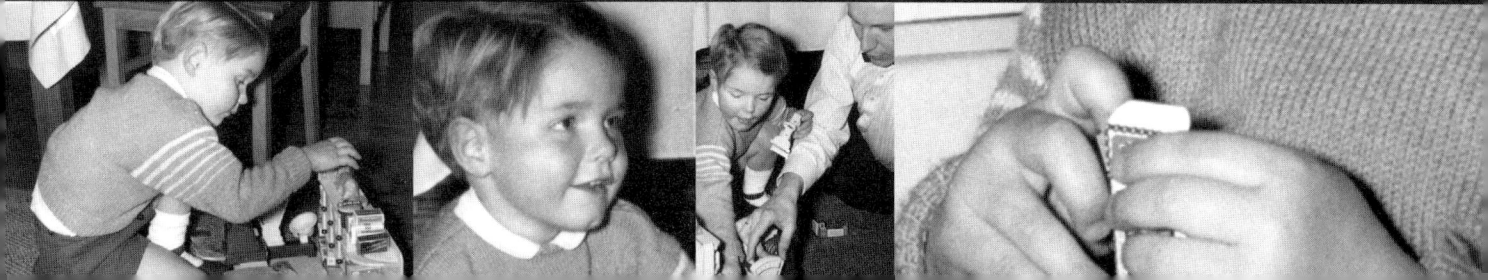

Da hat das rote Pferd

Da hat das ro - te Pferd sich ein - fach um - ge - kehrt und hat mit sei - nem Schweif die

Flie - ge ab - ge - wehrt. Die Flie - ge war nicht dumm, sie mach - te

summ, summ, summ und flog mit viel Ge - brumm um das ro - te Pferd he - rum...

Da hat das rote Pferd

Bei diesem Lied spielt man, was man singt. Laura, 12, aus Winterhude hat es uns vorgemacht. Bei *umgekehrt* läßt man die Arme wie bei einer Wassermühle kreisen, bei *Schweif* macht man eine Wedelbewegung mit der Hand, die *Fliege* wird mit angewinkelten Armen, an den Körper schlagend, dargestellt. Für *abgewehrt* wird in die Hände geklatscht. Abermals wird die Bewegung der Fliege wiederholt. *Dumm* wird durch Vogelzeigen, *summ, summ* und viel *Gebrumm* durch eine Sprechbewegung mit den Fingern dargestellt. Bei *herum* zieht man mit dem Zeigefinger einen großen Kreis. Das Spiel wiederholt sich immer wieder und es wird bei jedem Mal schneller.

Da hat das rote Pferd ist eins der Endlos-Lieder wie *Ein Hund kam in die Küche*, *Oh, money, money, money* und *Ein Hut, ein Stock, ein Regenschirm*. Diese Lieder entsprechen dem kindlichen Wunsch nach Wiederholung, das Wort *nochmal* braucht hier gar nicht zu fallen.

Der Kaiser von Rom und die Kaiserin von China

Der Kai - ser von Rom, Na - po - le - ons Sohn, ist noch zu klein, Kai - ser zu sein.

Rück noch'n biss chen wei - ter, und bleib stehn, rück noch'n biss - chen wei - ter und bleib stehn!

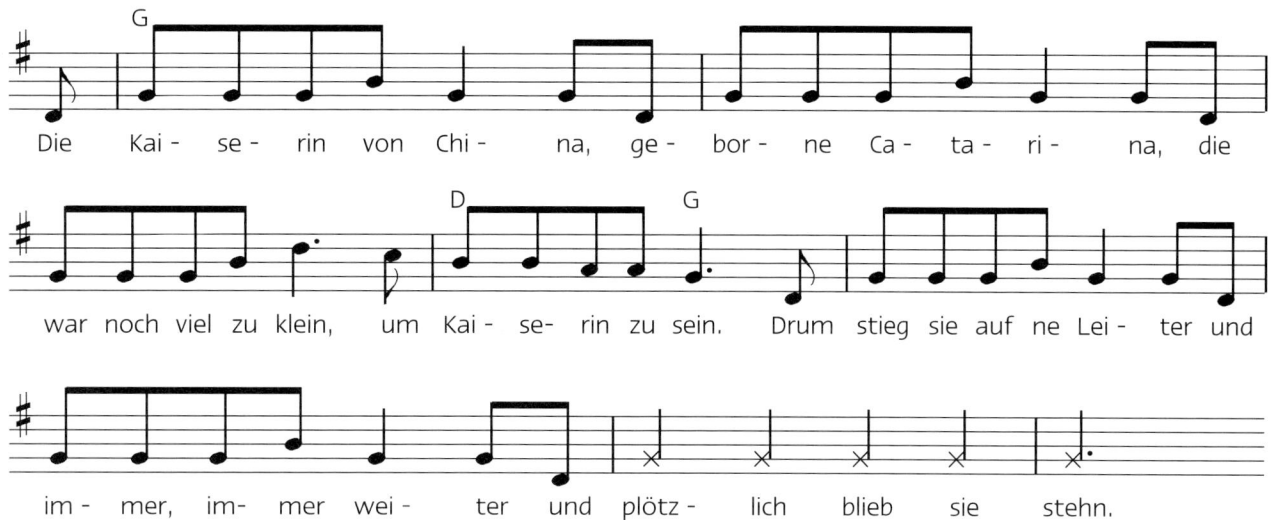

Der Kaiser von Rom und die Kaiserin von China

Kinder in Meiendorf (1988 aufgezeichnet) kannten eine ähnliche Fassung, allerdings im **Sprechgesang:**

Der Kaiser von China, der hatte einen Diener.
Der Diener war zu klein, um Kaiser zu sein.
Er rückte ein Stück nach, er rückte ein Stück vor
und schloss das Tor.

Christine, Cathrin und Swantje, 12, aus Volksdorf kennen noch eine andere Version: *Die Kaiserin von China, geborne Catorina* wird beim Springtau-Springen gesungen. Zwei Kinder schlagen das Seil, ein Drittes springt. Am Schluss des Liedes muss dieses Kind das Seil mit beiden Unterschenkeln einfangen.

Bei diesem Lied nehmen es die Kinder mit der Geschichte nicht so genau. Der Text bezieht sich auf die Krönung des Sohnes Napoleons zum König - nicht Kaiser - von Rom. Ist noch zu klein stimmt allerdings wieder, denn 1811 wurde er bereits in der Wiege zum König von Rom ernannt.

Dieb, o Dieb

Dieb, o Dieb, ich will dich ha- schen, nahmst mein Lieb- chen mit Ge- walt.

A- ber nein, ich will's dir las- sen, hol mir ei- ne an- dre bald.

Lauf, Dieb, tra- la- la, lauf, Dieb, tra- la- la,

lauf Dieb, tra- la- la, lauf, Dieb, lauf!

Dieb, o Dieb

Kreisspiel: Die Kinder gehen paarweise angefasst im Kreis, ein Kind, der Dieb, steht in der Mitte. Bei *Lauf, Dieb* nimmt sich der Dieb ein Kind von einem der Paare und reiht sich im Kreis ein. Das Kind, das übrig bleibt, geht in die Kreismitte und ist in der nächsten Runde der Dieb.

Wie bei vielen Liedern in diesem Buch auch hier wieder eine Melodie, die einfach und einprägsam zugleich ist: bei *Lauf, Dieb, tralala* erfolgt ein Terzsprung nach unten, gefolgt von einer Tonleiterbewegung nach oben, was beim jeweils nächsten *Lauf, Dieb* als Sequenz einen Ton tiefer wieder aufgenommen wird, so sind Melodien aufgebaut, die sich sofort mit singen lassen.

Die Meyersche Brücke

C

Die Mey - er - sche Brü - cke, die Mey - er - sche Brü - cke, die ist so sehr zer - bro - chen. Wer

hat sie zer - bro - chen, wer hat sie zer - bro - chen, ein Mann mit sei - ner Toch - ter. Die

E rs - te nicht, die Zw ei - te nicht, die Drit - te wird ge - fan - gen, mit Spie - ßen und mit Zan - gen.

Die Meyersche Brücke

Kylie, 9, aus Meiendorf beschreibt 1988, wie die Meyersche Brücke gespielt wird. »Zwei Kinder, die die Brücke sein wollen, überlegen sich, was Engel und was Teufel sein soll. Zum Beispiel: Apfel ist Engel und Birne ist Teufel. Die anderen Kinder wissen davon nichts. Die beiden Kinder strecken die Arme in die Luft, lehnen sie zusammen und bilden so eine Brücke. Die anderen gehen hindurch und alle singen: Die Meyersche Brücke ... Bei die Dritte wird gesungen klappen die zwei Kinder die Arme herunter, fangen ein Kind und fragen: Willst du Apfel oder Birne? Wenn ein Kind Birne antwortet, muss es sich hinter dem Kind, das Birne ist, aufstellen. Das geht so lange weiter, bis alle Kinder gefangen sind. Am Schluss nehmen die Kinder, die die Brücke waren, einen Teufel nach dem anderen in ihre Mitte und rütteln ihn durch. Die Teufel werden gerüttelt, geschüttelt – in die Hölle hinein und nicht wieder raus.«
Die Engel dürfen sich auf die Arme der Brückenkinder setzen und werden gewogen: Die Engel werden gewogen, geschoben – in den Himmel hinein und immer wieder raus.
Die Meyersche Brücke wurde 1988 in Uhlenhorst aufgezeichnet. Zu diesem Lied existieren zahlreiche Varianten als Die goldene Brücke, Hört op, te Brück, Merseburger Brücke, Machet auf das Tor ist in der Spielweise ähnlich.

Die vierzehn Tage sind vergangen

Die vier - zehn Tage ge sind ver - gan - gen, und Ot - to muss zum Mi - li - tär. Er

muss sich vor den Haupt - mann stel - len, und sei - ne Liebs - te weint so sehr. Ach, Liebs - te,

wein doch nicht, dein Schatz ver - gisst dich nicht, er muss zum

Mi - li, Mi - li, Mi - li, Mi - li - tär und kommt nie mehr. Sie schrie - ben lan - ge Brie - fe, von

Ham - burg bis nach Köln, doch ei - nes Ta - ges hieß es, ich lie - be dich nicht mehr. Ich lie - be ei - ne an - dre, die

schö - ner ist als du, und das ist die Bir - te, die aus - ge - stopf - te Kuh, muh, muh.

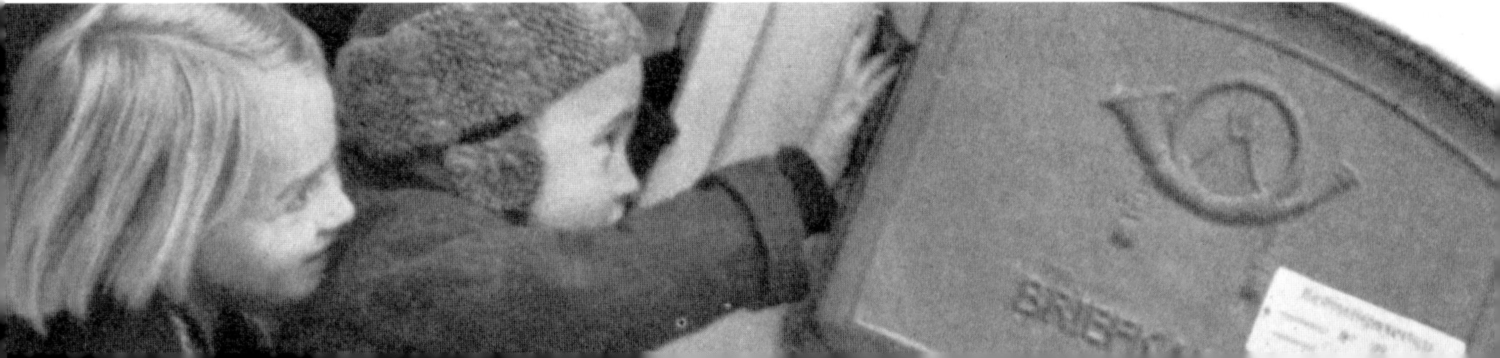

Die vierzehn Tage sind vergangen

Die erste Version wurde 1988 in Uhlenhorst aufgezeichnet.
1988 in Bramfeld kam es bis zum Kuss zwischen dem ungetreuen Alex
und seiner geliebten Katrin.
Sieben Tage sind vergangen, Alex muss zum Militär.
Er muss sich vor den Hauptmann stellen und seine Liebste weint so sehr.
Oh, Liebste, wein doch nicht, dein Schatz vergisst dich nicht.
er muss zum Mili- Mili- Militär und kommt nie mehr.
Sie schrieben lange Briefe von Hamburg bis nach Köln
und eines Tages hieß es: Ich liebe dich nicht mehr.
Ich liebe eine andere, die schöner ist als du
und das ist die Katrin, die ausgestopfte Kuh, muh, muh.
Die Katrin saß am Fenster und knackte eine Nuss,
da kam der liebe Alex und gab ihr einen Kuss, Kuss, Kuss.

In Meiendorf, 1988, ging die Geschichte noch weiter.
Die Katrin saß am Fenster und knackte eine Nuss,
da kam der liebe Florian und gab ihr einen Kuss.
Und eine Ecke weiter, da stand ein Gummibaum,
da haben sich die beiden zum ersten Mal gehaun.
Und eine Ecke weiter, da stand ein Polizist,
da haben sich die beiden zum zweiten Mal geküsst.

Und eine Ecke weiter, da stand ein Krankenhaus,
da kam die liebe Sassy mit tausend Kindern raus.

Ein ähnlicher Schluss taucht auch schon bei *Abends, wenn der Mond scheint* in der Sammlung von Hans Appel aus dem Jahre 1947 auf.

Die vierzehn Tage sind vergangen wurde in den 50-er Jahren auf dem Schulhof der Schule Langenfort in Barmbek folgendermaßen gespielt: Die Kinder stellen sich angefasst nebeneinander in einer Reihe ca. drei Meter vor einer Mauer auf. Beim Singen des Liedes gehen sie auf die Mauer zu und wieder zurück.

Franz-Joseph kam geflogen
Franz-Joseph kam geflogen auf einer Flasch Benzin,
da dachten die Franzosen, es war ein Zeppelin.
Sie luden die Kanonen mit Bohnen und mit Speck
und schossen dem Franz-Joseph die Unterhosen weg.

Zum Melodieteil *Sie schrieben lange Briefe* existieren diverse Texte. Dieser wurde von Till Martin, 46, in seiner Kindheit in Wedel gesungen.

IHannes Haack, 81, aus Wandsbek konnte sich 1988 noch an diese
Strophen erinnern:

In Wandsbek ist's gemütlich
In Wandsbek ist's gemütlich, da fährt die Pferdebahn,
das eine Pferd, das zieht nicht, das andre Pferd ist lahm.
Der Kutscher ist besoffen, die Räder, die sind krumm,
und alle fünf Minuten, da kippt die Karre um.
Ein Mann war lebensmüde, er war sehr aufgeregt,
er hat sich auf die Schienen, der Kleinbahn hingelegt.
Die Kleinbahn hat Verspätung und vierzehn Tage drauf,
da fand man diesen Kerl als Dörrgemüse auf.

1866 wurde eine von Pferden gezogene Straßenbahn als eine der
ersten von Hamburg nach dem damals preußischen Wandsbek einge-
richtet. Sie fuhr alle zwölf Minuten. Pferdebahnen waren das moderne
Verkehrsmittel der Zeit, bis 1878 wurden weitere Pferdebahnen nach
Barmbek, Eimsbüttel und Altona eröffnet. Die Strecke Rathausmarkt-
Wandsbek wurde 1897 elektrifiziert.

Fiete Göttert, 74, erinnerte sich an diesen Text aus seiner Kindheit in
Altona.

Wir sind Berliner Bummler
Wir sind Berliner Bummler, und kaufen englisch ein,
wir haben große Taschen, da geht ne Menge rein.
Wir haben keine Betten, wir schlafen nicht auf Stroh,
wir schlafen auf den Treppen, da beißt uns ja kein Floh.
Halli-Hallo, Halli-Hallo, wir Bummler, wir Beschummler, wir sind froh.

Englisch einkaufen war bis in die 50-er Jahre der gängige Slang für
Stehlen.

Ding, ding, Baby

C

Ding, ding, Ba - by, ding, ding, ak - kor - de - kor - de. Sa - scha, Ba - by, Sa - scha in Me - xi - ko.

Jim - my, Jim - my, ho - cka Ba - by, Jim - my, Jim - my hu - la. Jim - my, Jim - my, ho - cka Ba - by,

Jim - my, Jim - my hu - la. Ei lonn Ba - by, ei lonn si. Ei lonn Ba - by,

ei lonn si. E pe - cki, pe - cki, puff und nen De - ckel o - ben druff.

Ding, ding, Baby

In Bramfeld haben wir 1988 beobachtet, wie Kinder dazu ein
Klatschspiel aufführten: Zwei Kinder stehen sich gegenüber und
klatschen im Rhythmus des Liedes abwechselnd in die eigenen und
gegen die Hände des Partners. Bei und *'n Deckel obendruff* legt man
dem Gegenüber eine Hand auf den Kopf.

Bei diesem Lied kann man schön sehen, wie mündliche Überlieferung
zu vielen Varianten führt. Der Sinn der einzelnen Textbausteine ist für
die Kinder nicht von Bedeutung. Nonsense-Verse, wie Kinder sie lieben!

Dumm, dumm, dorri, dumm, dumm, dorri-dorri,
Sascha-Baby, Sascha-Mexikana,
Jimmi, Jimmi, Laura, Jimmi, Jimmi, Lura,
Jimmi, Jimmi, Laura, Jimmi, Jimmi, Lura,
I love the baby, I love the same,
I love the baby, I love the same,
Ekkadekkasalamekkaoilofsi!
Uhlenhorst, 1988.

Ding, ding, Lora, ding, ding, a Lora, Lora,
Cha-cha, Baby, cha-cha, a Mexiko,
Jimmi, Jimmi Akoba, Jimmi, Jimmi Juba,
Jimmi, Jimmi Akoba, Jimmi, Jimmi Juba, Juba,
I love the baby, I love the näs,
I love the baby, I love the näs,
Pecki, pecki, piek!
Altona, 1988.

Dornröschen

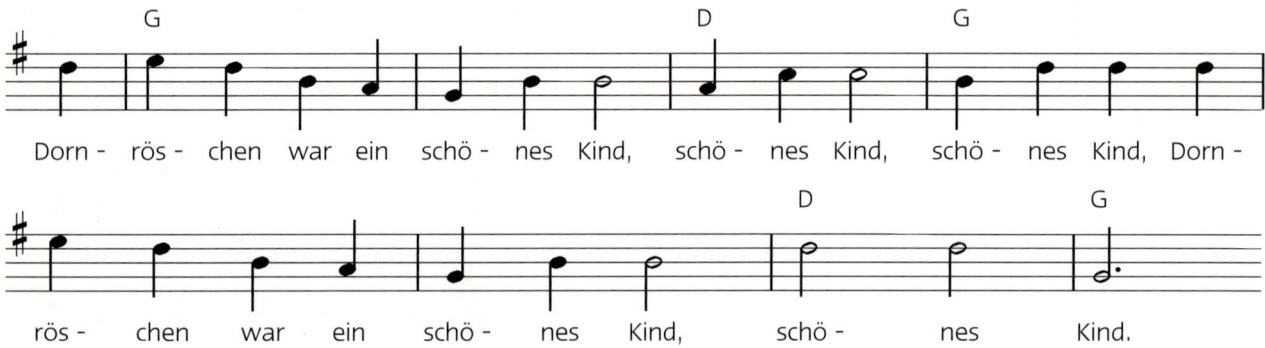

Dorn - rös - chen war ein schö - nes Kind, schö - nes Kind, schö - nes Kind, Dorn -

rös - chen war ein schö - nes Kind, schö - nes Kind.

2. Dornröschen nimm dich ja in acht...

3. Da ging die Türe klingelingeling...

4. Da kam die böse Fee herein...

5. Dornröschen, schlafe hundert Jahr...

6. Da wuchs die Hecke riesengroß...

7. Da kam der stolze Prinz herein...

8. Dornröschen, wache wieder auf...

9. Und alle wachten wieder auf...

10. Nun feiern wir ein Hochzeitsfest...

Dornröschen

Kreisspiel: Ein Abzählreim entscheidet, wer Dornröschen, Fee und Prinz sein darf. Die übrigen Kinder bilden einen Kreis, das Schloss, um Dornröschen herum. Bei *nimm dich ja in acht* erheben alle warnend der Zeigefinger. Bei *da ging die Türe* verschränken die Kinder die Finger hoch über dem Kopf und deuten mit beiden Mittelfingern das Läuten einer Glocke an. Dann tritt die böse Fee in den Kreis und singt *schlafe hundert Jahr*. Dornröschen hockt sich hin und hält die Hände vors Gesicht. Der Kreis bleibt stehen. Das Wachsen der Hecke zeigen die Kinder durch Emporstrecken der Arme. Dann tritt der stolze Prinz in den Kreis und singt *wache wieder auf*. Er nimmt Dornröschen bei der Hand und geht mit ihm im Kreis herum. Bei *alle wachten wieder auf* setzt sich auch der Kreis wieder in Bewegung. Zum Schluss hüpfen alle im fröhlichen Hochzeitstanz herum.

Der Stoff dieses Liedes lässt sich bis zur Märchensammlung *Contes de ma mère l'Oye* zurückverfolgen. Diese Sammlung des Schriftstellers Charles Perrault (1628-1703) aus dem Jahre 1697 gab den Anstoß zu vielen weiteren Veröffentlichungen, insbesondere der Brüder Grimm ca. hundert Jahre später. Auf Perrault geht auch der wesentlich grausamere Vorläufer dieses Liedes zurück. Denn bevor über die Kindergärten dieses harmlose Lied eingeführt wurde, sangen die Kinder zur gleichen Melodie *Johanna saß im Breitenstein*, eine Ritter-Blaubart (Barbe bleue)-Geschichte: *Johanna saß am Breitenstein... und kämmte sich ihr goldnes Haar... und als sie damit fertig war... da fing sie an zu weinen... da kam ihr Bruder aus dem Wald... Johanna, warum weinest du... ich weine, weil ich sterben muss... da kam der böse Heinrich rein... und stach Johanna in das Herz... da fiel sie tot zu Boden... da kamen ihre Eltern rein... wo ist denn unsre Johanna... die ist schon längst begraben... da stand sie fröhlich wieder auf... Johanna ist ein Engelein... und Heinrich ist ein Bengelein.*

Dort oben auf dem Berge

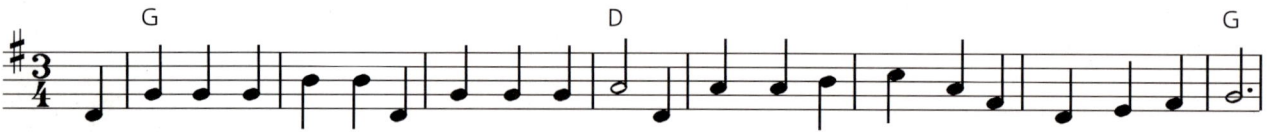

Dort ob'n auf dem Ber - ge, da steht ein Kar - ton, da ma - chen die Zwer - ge aus Schei - ße Bon - bon.

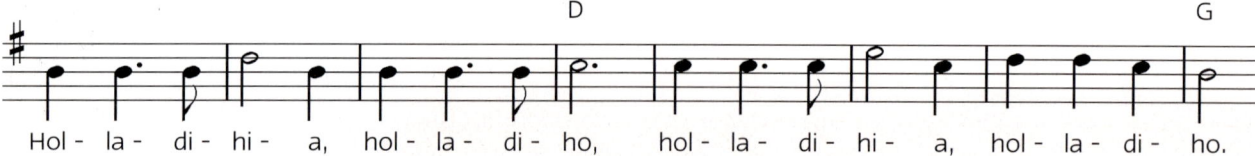

Hol - la - di - hi - a, hol - la - di - ho, hol - la - di - hi - a, hol - la - di - ho.

2. Dort oben auf dem Berge, da steht ein Gerüst, da werden die Mädchen elektrisch geküsst.

3. Dort oben auf dem Berge, da steht ein Soldat, der hat in der Hose Kartoffelsalat.

4. Dort oben auf dem Berge...

Dort oben auf dem Berge

Dem Weiterdichten sind bei diesem Lied keine Grenzen gesetzt. Unter dem Titel *Müllers Abschied* findet sich in *Des Knaben Wunderhorn*, der Liedersammlung von Achim von Arnim und Clemens Brentano aus dem Jahre 1805, der Vorläufer dieser Umdichtungen: *Da droben auf jenem Berge, da steht ein goldnes Haus, da schauen wohl alle Frühmorgens drei schöne Jungfrauen heraus...* In diesem Falle läßt sich die volkstümliche Umdichtung besser singen als das Original.

Ein Elefant ging ohne Hetz

Ein E - le - fant ging oh - ne Hetz ganz ge - müt - lich durch ein Spin - nen - netz. Er

fand den Weg so in - t´res - sant und such - te sich nen zwei - ten E - le - fant.

2. Zwei Elefanten gingen ohne Hetz... und suchten sich'n dritten Elefant.

3. Drei Elefanten...

Ein Elefant ging ohne Hetz

Zählspiel

Laura, 12, aus Winterhude hat uns dieses Zählspiel vorgesungen und erläutert: Die Kinder sitzen. In der ersten Strophe schlagen alle mit der rechten Hand im Rhythmus auf den Oberschenkel. In der zweiten Strophe wird abwechselnd mit der rechten und der linken Hand geschlagen. In der dritten Strophe kommt dann das Aufstampfen mit dem rechten Fuß dazu, in der vierten Strophe das Aufstampfen des linken Fußes. Dann werden weitere Bewegungen wie Aufstehen, am Ohrläppchen ziehen, Kopfnicken usw. dazugenommen.

Eine dänische Volksliedmelodie liegt diesem Lied zugrunde. Im dänischen Text beginnt es gleich mit zwei Elefanten: *to (2) elefanter kom marcherende, hengd e der koppens fine sang, fandt ot vejen var så interessant, at de byder opendnu en elefant: tre (3) fire (4), fem (5) elefanter...* Zählspiele sind bei Kindern sehr beliebt, nicht nur Zahlen, sondern auch Wochentage, Monate und Jahreszeiten werden aufgezählt. Beliebt ist auch immer wieder die Rechenaufgabe: *Wieviel sind fünf Packen weniger vier Packen? Einpacken!*

Ein Fahrradlenker

Ein Fahr - rad - len - ker, ein Gas - pe - dal und zehn nack - te Jä - ger vom

Stamm der Ho - sen trä - ger. Der Häupt - lings - sohn, der kennt nen Song und der geht so:

Oh, He - le - ne, a mo - ther, mo - ther, mo - ther, oh, He - le - ne, oh, ma - ma, o - he.

2. Da meinte einer, das war noch viel zu langsam, wir müssen schneller singen.
Den ganzen Scheiß von vorne, noch einmal beginnen. Oh, Helene...

3. Da meinte einer, ich kenn da so'n Rezept, oh, Rhabarber, a kochi, kochi, kochi,
a rühri, rühri, rühri. Oh, Rhabarber, Rhabarber ohe.

Ein Fahrradlenker

Laura, 12, aus Winterhude hat uns verschiedene Variationen gezeigt, wie sich dieses Lied singen lässt. *Ein Fahrradlenker* läßt sich alleine singen - wie notiert - oder zu mehreren mit schon. Einer singt vor *Ein Fahrradlenker*, die anderen wiederholen, *Ein Fahrradlenker* usw.

Verbreitet ist auch eine Version der ersten Strophe, in der gar nicht politically correct, die Jäger durch *Neger* ersetzt werden.

Ein Holzfäller, akademi

C

Ein Holz - fäl - ler, a - ka - de - mi, das war ein bö - ser Mann, der lock - te die Kin -

der mit sei - nem Ge - sang. Schnee - witt, Bal - le - bal - le - ri - na, Schnee - witt, Bal - le -

bal - le - ri - na, Schnee - witt, Bal - le - bal - le - ri - na.

Ein Holzfäller, akademi

Dieses **Klatschspiel** wurde 1988 in Altona aufgezeichnet. Zwei Kinder stehen sich gegenüber und klatschen abwechselnd in die eigenen und gegen die Hände des Partners.

Ein Lied mit Anklängen an die Moritaten der Bänkelsänger, in denen ungewöhnliche, meist schaurige Begebenheiten geschildert wurden.

Ein Hund ging in die Küche

Ein Hund ging in die Kü - che und stahl dem Koch ein Ei. Da

nahm der Koch den Löf - fel und schlug den Hund ent - zwei.

Ein Hund ging in die Küche

Ein Hund ging in die Küche hat uns Maike, 5, aus Lokstedt vorgetragen. Häufig wird das Lied auch mit einer Spezifizierung der Hunderasse gesungen: Ein Mops lief durch die Küche ...

Das Lied ist Zeugnis einer Epoche, in der es in großbürgerlichen Häusern üblich war, einen Koch zu beschäftigen. Da die Küchen meist im Souterrain lagen, konnte - von den guten Düften angelockt - durch den geöffneten Eingang für die Lieferanten leicht ein Hund von der Straße eindringen. Nach der gleichen Melodie, komponiert als Karneval von Venedig von dem Geigenvirtuosen Niccolò Paganini (1782–1840), wird auch folgender Text gesungen:
Mein Hut, der hat drei Ecken, drei Ecken hat mein Hut,
und hätt er nicht drei Ecken, so wär es nicht mein Hut.

In der Wiederholung wird das Wort Hut durch eine Geste ersetzt, in den weiteren Strophen werden dann Ecken, drei und nicht auch durch Gesten ersetzt.

Ein kleiner Matrose

Ein klei - ner Ma - tro - se um - se - gel - te die Welt. Er

lieb - te ein Mäd - chen. das hat - te gar kein Geld. Das

Mäd - chen war trau - rig, und wer war Schuld da -

ran? Der klei - ne Ma - tro - se in sei - nem Lie - bes - wahn.

Ein kleiner Matrose

Darstellungsspiel: Die Kinder deuten mit Fingerzeichen und Gesten den Inhalt des Liedes an. *klein* wird mit dem Abstand von Daumen und Zeigefinger angezeigt, Matrose durch Andeuten der Mütze. Bei *Welt* wird mit beiden Armen ein Kreis gezeichnet, bei *liebte* werden die Arme vor der Brust verschränkt. *Mädchen* wird durch einen von beiden Unterarmen angedeuteten Rock dargestellt, *Geld* durch eine Zahlbewegung mit den Fingern, *traurig* durch den Gesichtsausdruck, *wer war Schuld daran* durch Fuchteln mit dem ausgestreckten Zeigefinger, *Liebeswahn* wieder durch die vor der Brust verschränkten Arme. Bei Wiederholung des Liedes werden die dargestellten Begriffe nicht mitgesungen, sondern nur noch vorgeführt.

Gewährsfrau für *Ein kleiner Matrose* ist Lena Schendel, eine mittlerweile 81-jährige ehemalige Kindergärtnerin aus Eilbek. In einer Textvariante heißt es statt *traurig* an dieser Stelle *das Mädchen muss sterben*. Dieses Lied ist ein nicht untypischer Mischmasch aus Abschieds-, Matrosen- und Küchenlied mit männlichen, liebestollen Schuften und armen, verführten und betrogenen Mädchen, denen außer Tränen, Trauer und Tod nur das Singen trauriger Lieder bleibt – immerhin eine echte Alternative. Die Melodie entlehnt *Ein kleiner Matrose* bei *Der Mai ist gekommen*. 1842 vertonte Justus Wilhelm Lyra (1822–1882) den Originaltext von Emanuel Geibel (1315–1884).

Ein Mann, der fuhr zur See

Ein Mann, der fuhr zur See, als O-ber-ka-pi-tän. Er

kam nie mehr zu-rück, das war sein bes-tes Glück. Wenn

das die Al-te wüss-te, dass er die Mäd-chen küss-te, dann

schlug sie ihn k. o. Ja, die Män-ner, ja, die Män-ner, die sind so und so k. o.

Ein Mann, der fuhr zur See

Klatsch- und Darstellungsspiel: Zwei Kinder stehen sich gegenüber und klatschen abwechselnd in die eigenen und gegen die Hände des Spielpartners. Das Klatschen wird unterbrochen durch Gesten. *Fuhr zur See* wird durch eine Wellenbewegung mit beiden Händen dargestellt, als *Oberkapitän* durch einen militärischen Gruß, bei *zurück* weisen beide Daumen neben dem Kopf nach hinten, bei *Glück* werden die Arme vor der Brust verschränkt. *Wenn das die Alte wusste* wird durch Fuchteln mit dem Zeigefinger unterstrichen, *küsste* durch eine Kusshand, *k.o.* durch einen angedeuteten Kinnhaken, *und so k.o.* durch Hin- und Herbewegen der flachen Hand vor dem Gesicht.

Die Kinder in England singen:
A sailor went to sea, sea, sea, / Ein Mann, der fuhr zur See, See, See,
to see what he could see, see, see, / um zu sehn, was er konnt sehn, sehn, sehn,
but all that he could see, see, see, / doch alles, was er konnt sehn, sehn, sehn,
was the bottom of the deep blue sea, sea, sea. / War der Grund der tiefen, blauen See, See, See.

Peter Göttert, 74, aus Altona konnte sich noch an die Variante *Ein Mann, der fuhr zur See, im Ruderboot auf der Elbchaussee* erinnern.

Ein Paar rote Ringelsöckchen

Ein Paar ro - te Rin - gel - söck - chen, ein Paar ro - te Ho - ckey - schuh, rot - la - ckier - te

Fin - ger - nä - gel, das ge - hört da - zu, Hey! Komm ich a - bends spät mach Haus,

schimpft mich mei - ne Mut - ti aus, schimpft sie mich noch wei - ter aus, mach ich mir ja

gar nichts draus. Ein jun - ger Mann, Mut - ti, hat mich ge - küsst, Mut - ti,

Ein Paar rote Ringelsöckchen

Klatschspiel: Zwei Kinder stehen sich gegenüber und klatschen abwechselnd in die eigenen und gegen die Hände des Spielpartners. Uhlenhorst, 1988

Ein kindlicher Protest-Song aus den 50-er Jahren, als ein Mädchen mit rotlackierten Fingernägeln und roten Stöckelschuhen seine Eltern noch gegen sich aufbringen konnte. Schuhmoden kommen und gehen, aus roten Stöckelschuhen werden rote Hockeyschuh

Ein Schneider fing ne Maus

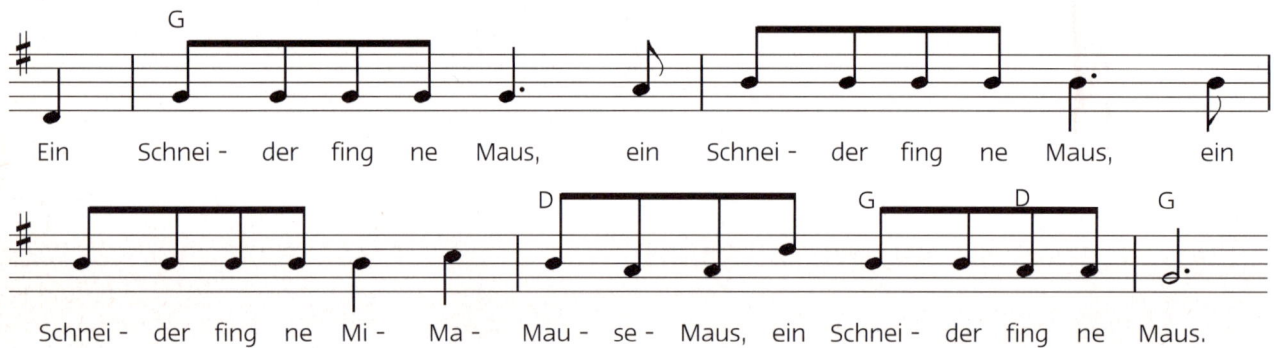

Ein Schnei – der fing ne Maus, ein Schnei – der fing ne Maus, ein
Schnei – der fing ne Mi – Ma – Mau – se – Maus, ein Schnei – der fing ne Maus.

2. Was will er mit der Maus…

3. Er zieht ihr ab das Fell…

4. Was will er mit dem Fell…

5. Er näht sich einen Sack…

6. Was will er mit dem Sack…

7. Er tut darein sein Geld…

8. Was will er mit dem Geld…

9. Er kauft sich einen Ochs…

10. Was will er mit dem Ochs…

11. Er reitet um die Welt…

Laura, 12, Winterhude, 1999

Ein Schneider fing ne Maus

Die Kinder stellen sich in zwei Reihen gegenüber auf. Eine Reihe singt die erste Strophe und geht dabei auf die andere Reihe zu und wieder zurück. Dann beginnt die andere Reihe, während sie die Fragestrophe singt, vor und zurückzugehen.

In Lehnhoffs Sammlung aus dem Jahre 1907 heißt es passend zur Zeit: *...Er kauft sich einen Bock... Was macht er mit dem Bock... Er zieht damit in'n Krieg... Er schießt sie alle tot...* Auch im Hamburger Musikanten, dem Hamburger Schulliederbuch heißt es 1927 noch: *...Was will er mit dem Bock... Er reitet in den Krieg... Was will er in dem Krieg... Er schlägt sie alle tot...* In zahlreichen Liedern und Redewendungen tauchen Schneider auf, meist werden sie wegen ihrer Armut verspottet. Da die Schneider Hochzeit hatten, begehrten sie einen Schmaus. Da schmausten ihrer neune und neunmal hundertneune von einer gebratnen Laus.

Frieren wie ein Schneider - unter einem Schneider stellte man sich früher immer ein zartes, schmächtiges Männlein vor, das leicht zum Frieren neigte, das aber dennoch recht beherzt war, wie zum Beispiel das tapfere Schneiderlein oder der Schneider von Ulm. Herein, wenn's kein Schneider ist ruft man, wenn jemand an die Tür klopft. Bismarck schrieb 1847 in einem Brief: Wie entrüstet bin ich als Student über Schneider und Schuster gewesen, wenn sie ihre Rechnung bezahlt verlangten. Es schien mir die empörendste Zumutung, als dass ich dankbar für den gewährten Credit gewesen wäre.

Eine Oma ging spazieren

Ei - ne O - ma ging spa - zie - ren, an der Hand ein klei - nes Kind, und das

Kind, das tat sie füh - ren, denn die ar - me, al - te Da - me, die war blind.

2. War ein Graben in der Nähe, war ein Loch in der Chaussee,
Oma, hüpf mal sprach die Kleine und die alte Dame hüpfte in die Höh.

3. Als das niedlich kleine Mädchen seine Oma hüpfen sah,
sprach es öfter: Oma, hüpf mal, auch wenn gar kein Graben in der Nähe war.

4. Kam ein Schutzmann längs des Weges, war des Mädchens ganz empört:
Hör mal auf, du kleine Range, dein Benehmen ist ja gänzlich unerhört.

5. Herr Schutzmann, halt die Schnauze, Herr Schutzmann, sein sie still,
diese Oma, die ist meine, die kann ich hüpfen lassen wo und wann ich will.

Eine Oma ging spazieren

Drei Kinder spielen, zwei als Singende, ein Kind führt die Oma an der Hand und und spricht: Oma, hüpf mal. Dann erscheint der Polizist und singt seinen Part. Zum Schluss muss das Kind den Schutzmann...

Ein Berliner, Berliner waren mit der Schnauze immer vorneweg und auch Kinder, so führt uns dieses Lied plastisch vor Augen... zeichnet sich durch besondere Respektlosigkeit gegenüber der Obrigkeit aus.

Em pom pi

Wir sa - gen no, no, no, wir sa - gen si, si, si, wir sa - gen no, wir sa - gen si, wir sa - gen em pom pi.

Em pom pi, ko - lo - ni, ko - lo - nas - tik, em pom pi, ko - lo - ni. A - ka -

de - mi, sa - fa - ri, a - ka - de - mi, puff, puff und nen De - ckel o - ben - druff.

Em pom pi

Iris und Fanny, 17, aus Uhlenhorst, die sich an ihre Grund-schulzeit erinnern, beschreiben das komplizierte **Klatschspiel** zu diesem fremdsprachigen Lied so:

Zwei Kinder stellen sich gegenüber auf. Jedes Kind verschränkt seine Finger beider Hände ineinander. Im Rhythmus des Lie-des schlagen die Kinder auf *no, no, no* die Handrücken gegen-einander, bei *si, si, si* die Handflächen, danach jeweils einmal auf *no* mit den Handrücken und auf *si* mit den Handflächen. Auf *em* legt nun jedes Kind seine rechte Hand gegen die linke Schulter, auf *pom* die linke Hand gegen die rechte Schulter, so dass beide Arme ein Kreuz vor der Brust bilden. Auf *pi* werden die Hände auf die Oberschenkel geschlagen. Nun richten beide Kinder die linke Handfläche nach unten und die rechte nach oben und klatschen durch eine Abwärtsbewegung der linken und eine Aufwärtsbewegung der rechten Hand. Danach klatscht jedes Kind in seine Hände und anschließend klatschen beide Kinder ihre Hände gegeneinander. Diese drei Klatschar-ten wiederholen sich so lange, bis es heißt *puff, puff und hatt Deckel obendruff*. Dabei haften sie sich gegenseitig auf den Kopf und jeder versucht, dem anderen zuvorzukommen.

Es fuhr ein Matrose

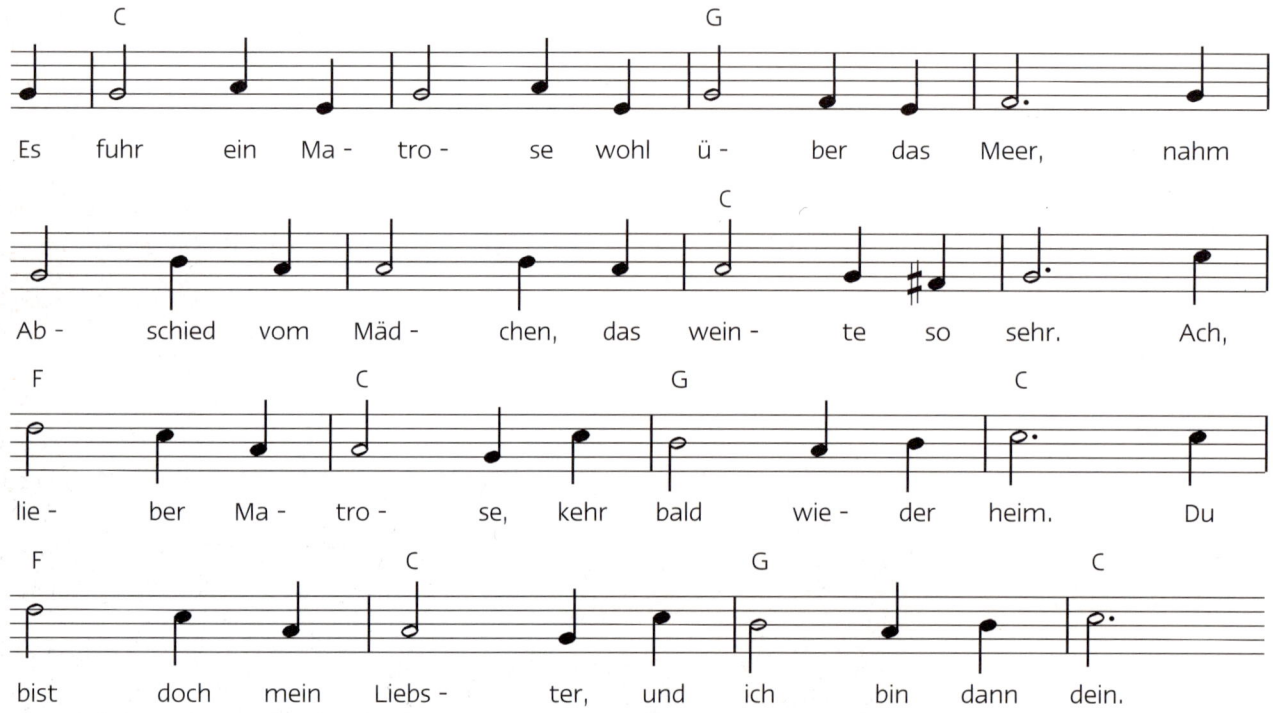

2. Nach einigen Jahren, sie kannten sich kaum,
sie gingen zur Kirche und ließen sich traun.
Sie knieten vorm Altar und reichten die Hand:
Jetzt heißt du Maria und ich heiß Johann,
jetzt bist du mein Weib, und ich bin dein Mann.

Es fuhr ein Matrose

Ein Lied aus der Sammlung *Straßenspiele der Kinder wie sie in der Hamburger Altstadt um die Nikolai- und Katharinenkirche herum vor etwa vierzig Jahren getragen wurden, aus dem Gedächtnis aufgeschrieben im Februar 1947* von Hans Appel. Gustav Kneib vermerkt zu diesem Lied: In Nordfriesland um 1860 viel gesungenes Matrosenlied. Wie in fast allen Matrosenliedern wird auch hier der Abschied thematisiert. Die Melodie unterstützt den Abschiedsschmerz schulbuchmäßig: In zwei aufeinanderfolgenden Takten (Takt 9 und 10, 13 und 14) wird die Sext des Akkordes – beim F-Akkord D, beim C-Akkord A – zu Anfang des Taktes gesungen und löst sich dann erst nach zwei Taktschlägen in die Quinte des Akkordes auf. Diese Wendung steht für Abschied. Im Evergreen *Junge, komm bald wieder*, gesungen von Freddy, hat der Komponist Lotar Olias diesen schmachtenden Tonsprung jeweils auf *wie-der* eingesetzt.

Es geht eine Zipfelmütz

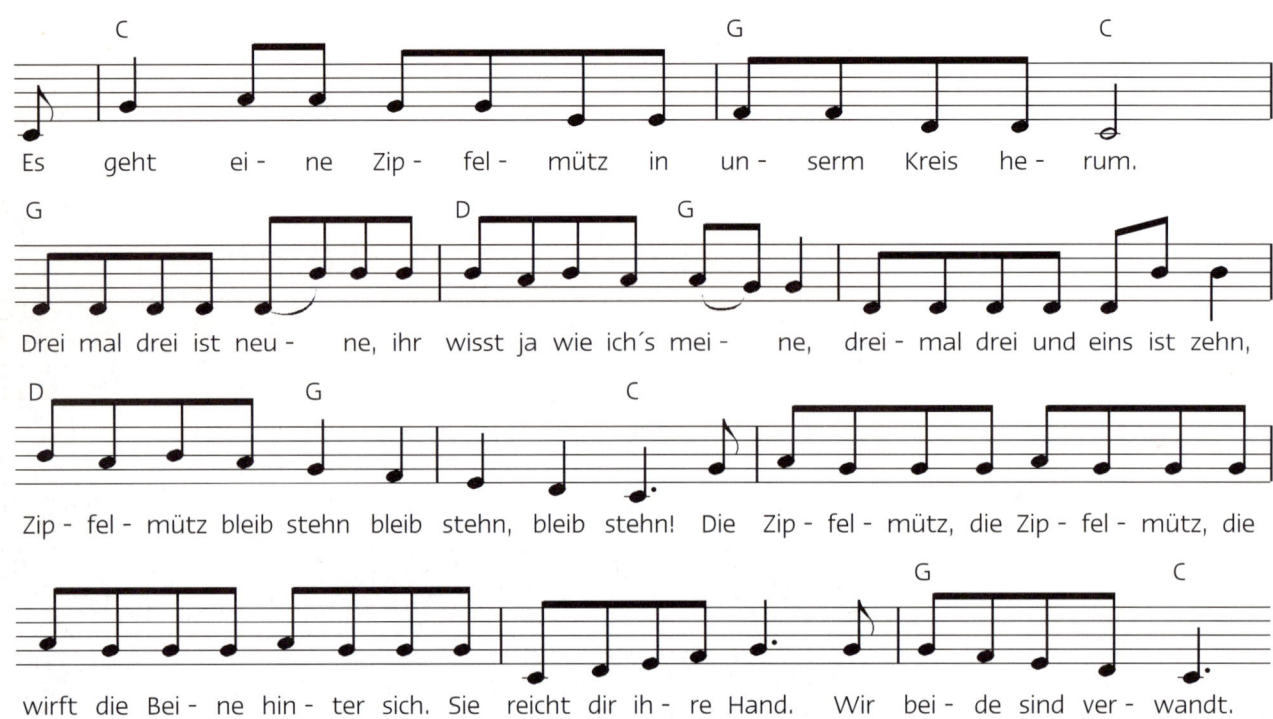

Es geht ei - ne Zip - fel - mütz in un - serm Kreis he - rum.

Drei mal drei ist neu - ne, ihr wisst ja wie ich´s mei - ne, drei - mal drei und eins ist zehn,

Zip - fel - mütz bleib stehn bleib stehn, bleib stehn! Die Zip - fel - mütz, die Zip - fel - mütz, die

wirft die Bei - ne hin - ter sich. Sie reicht dir ih - re Hand. Wir bei - de sind ver - wandt.

Es geht eine Zipfelmütz

Kreisspiel: Die Kinder gehen angefasst im Kreis
herum. In Gegenrichtung geht ein Kind innen im
Kreis, das mit beiden Händen über dem Kopf
eine Zipfelmütze andeutet. Beim letzten bleibt
steht, bleibt das Kind vor einem anderen stehen,
stützt die Hände auf die Hüften und läuft auf
der Stelle, wobei es die Beine hinter sich wirft.
Bei reicht geben sich beide die Hand, bei ver-
wandt verbeugen sich beide und jetzt gehen
zwei Zipfelmützen im Kreis herum.
Von Kerstin Kretschmer, 39, in ihrer Kindheit in
Volksdorf so gesungen und gespielt.

Die erste Zeile des Liedes greift die Melodie des
bekannten Kinderliedes Es tanzt ein Bi-Ba-But-
zemann in unserm Haus herum auf.

Gestern abend um halb neun

Ges - tern a - bend um halb neun ging die U - te ganz al - lein durch die Stra - ßen von Pa - ris. Hin - ter
ih - rem brei - ten Rü - cken war der Ot - to zu er - bli - cken, in den Stra - ßen von Pa - ris.

2. Ja, wenn die Liebe nicht wär,
wär der Kinderwagen leer
und der Storch muss stempeln gehn,
ja, wenn die Liebe nicht wär,
wär der Kinderwagen leer
und der Storch muss stempeln gehn.

3. Guten Abend liebe Dame,
Schutzmann Riese ist mein Name,
wo wolln sie denn noch hin.
Es ist ja schon halb neune,
komm'n sie mit in meine Scheune,
denn ich hab noch was im Sinn.

Gestern abend um halb neun

Für *Ute*, *Otto* und *Riese* werden jeweils wirkliche Namen der Kinder eingesetzt. Die Kinder stehen in einer Reihe, ein Kind spielt das Schicksal: Es geht auf die Reihe zu und wieder zurück und gibt an, welche Namen gesungen werden. Zum Schluss nimmt es die genannten Kinder zu sich. Das Spiel geht solange weiter, bis alle Kinder ausgewählt wurden.
Uhlenhorst, 1988, Strophe 3 überliefert von Helga Willfang, 59, Bremen, 1999

Häschen in der Grube

Häs - chen in der Gru - be saß und schlief, saß und schlief. Ar - mes Häs - chen bist du krank,

dass du nicht mehr hüp - fen kannst? Häs - chen hüpf, Häs - chen hüpf, Häs - chen hüpf!

Häschen in der Grube

Kreisspiel: Die Kinder gehen im Kreis und halten sich an den Händen. Ein Kind hockt als *Häschen* in der Mitte und stellt sich schlafend, indem es die Hände vor die Augen hält. Bei den Worten *Häschen hüpf* springt das *Häschen* auf und verfolgt die Fliehenden. Das Kind, das gefangen wird, ist das nächste *Häschen*.

Häschen in der Grube ist ein typisches Kreisspiel. Friedrich Fröbel (1782–1852), der Begründer der Kindergärten, pflegte neben dem Gestalten mit den von ihm erfundenen Bauklötzen insbesondere Kreisspiele. Aus seinem Repertoire stammt auch *Häschen in der Grube*. Es wurde seit 1840 durch ihn verbreitet. Heute kaum vorstellbar, wurden seine Kindergärten 1851 in Preußen als atheistisch und demagogisch verboten. Die Wiederzulassung, neun Jahre später, erlebte Fröbel nicht mehr.

Häschen in der Grube gehört zur Gruppe der Lieder, deren Melodie mit einem Aufwärtsgang entlang der Durtonleiter beginnt. Nahe Verwandte sind *Fuchs, du hast die Gans gestohlen*, *Alle meine Entchen* und *Wer die Gans gestohlen hat*.

Heut nacht um viere

Heut nacht um vie - re, vor mei - ner Tü - re, da stand ein

rie - sen - gro - ßer Ted - dy - bär. Der wollt mich bei - ßen, ich ging auf

Rei - sen, zu mei - ner Ur - Ur - Ur - Ur - Groß - ma - ma.

Heut nacht um viere

Die hat ne Schraube gleich unter der Haube
Und spielt ne Ziehhar- Ziehhar- Ziehharmonika.
Wenn ich dich kriege, du alte Fliege,
reiß ich dir ein zwei drei vier Beinchen aus.
Dann musst du hinken auf deinem Schinken,
dann kommst du ins Berliner Krankenhaus.
Dann wirst du operiert mit Ketschup eingeschmiert,
dann schreist du au au au du alte Sau.
Dann bist du Beinchen los, ne Fliege ohne Bein,
dann bist du ein Pech-Fliege-Fliege-Schwein.
Uhlenhorst, 1988

Heut nacht um viere vor meiner Türe
da stand ein riesengroßer Teddybär,
Der wollt mich beißen, sogar zerreißen,
da lief ich schnell, schnell, schnell zur Großmama.
Du alte Ziege, wenn ich dich kriege,
reiß ich dir ein, zwei drei vier Beine aus.
Dann musst du hinken auf deinem Schinken,
dann kommst du ins Berliner Krankenhaus.
Da wirst du operiert, mit Scheiße eingeschmiert,
da schreist du au au au, du alte Sau.
Altona, 1988

Heut nacht um viere, vor meiner Türe
da stand ein riesen riesen riesengroßer Teddybär,
Der wollt mich beißen, ich muss verreisen,
zu meiner Ur- Ur- Ur- Ur-Großmama.
Die olle Ziege, wenn ich die kriege,
reiß ich ihr eins zwei drei vier Beine aus.
Dann kommt sie ins Krankenhaus.
dann wird sie operiert, mit Gulasch bergeschmiert,
dann schreit sie au au au, du alte Sau.
Maiendorf, 1988

Heut nacht um viere wird noch heute in vielen Stadtteilen gerne gesungen. Die Kinder spielen dazu
ein Klatschspiel. Der Text bietet überall eigene Varianten. Ausgangspunkt für die Umdichtungen ist
das Lied *Mariechen, du süßes Viehchen*, das die Gebrüder Wolf in den frühen 20-er Jahren als Schel-
lackplatte aufnahmen.

Mariechen, du süßes Viehchen,
du bist mein Alles, du bist mein Herzlein,
Mariechen, ich möchte kriechen
dir in dein kleines Herz hinein.

Bereits 1925 taucht eine Umdichtung in den *Zeitungsausschnitten für Gesang und Klavier* (op. 11)
von Hanns Eisler auf.

Mariechen, du dummes Viehchen!
Ich reiße dir ein Beinchen aus,
dann musst du hinken auf deinem Schinken.
Dann kommst du ins städtische Krankenhaus,
da wirst du operiert, mit Schmierseif eingeschmiert,
dann kommt der deutsche Männerchor,
der singt dir ein schönes Liedchen vor.

Hilfe, Hilfe, ich ertrinke

Hil - fe, Hil - fe, ich er - trin - ke! Pe - ter, Pe - ter, ret - te mich! So

ret - test du mich nicht, er - trin - ke ich, a - blup, a - blup, a - blub - ber - di - blup.

Hilfe, Hilfe, ich ertrinke

Diese Version wurde 1988 in Uhlenhorst aufgezeichnet. 1999 beschreiben Cathrin, Christine und Swantje, 12, aus Volksdorf das Spiel: Mindestens vier Kinder müssen mitspielen. Zwei schlagen das Seil und ein Kind springt ins Seil hinein und ruft: *Hilfe, Hilfe, ich ertrinke! Peter, rette mich!* Während es dieses Lied singt, springt der Aufgerufene mit in das Seil hinein. Wenn der erste Springer zu Ende gesungen hat, springt er aus dem Seil. Jetzt singt der zweite Springer und ruft jemanden zu sich ins Seil.

Ich bin ne feine Dame

Ich bin ne fei - ne Da - me und tra - ge ro - te Schuh und ein Paar wei - ße Söck - chen ,was

sagen sie sie da - zu? Oh, du mein Ne - ckar - tal, wann blüht der Flie -

der? Ja, wenn der Flie - der blüht, dann komm ich wie - der.

2. Mein Oller hat geschrieben, ich fahr nach Neckartal,
und soll keinen andern lieben als Martin ganz allein.

Ich bin ne feine Dame

Für Martin setzen die Kinder den wirklichen Namen eines Mitspielers ein. Die
feine Dame steht nämlich vor der Reihe der Kinder und holt bei keinen
andern lieber als Martin ganz allein ihren Geliebten zu sich.
Von Eva Niemeyer, 37, in ihrer Kindheit so in Eimsbüttel gesungen und
gespielt.

Ich bin ne kleine Schnecke

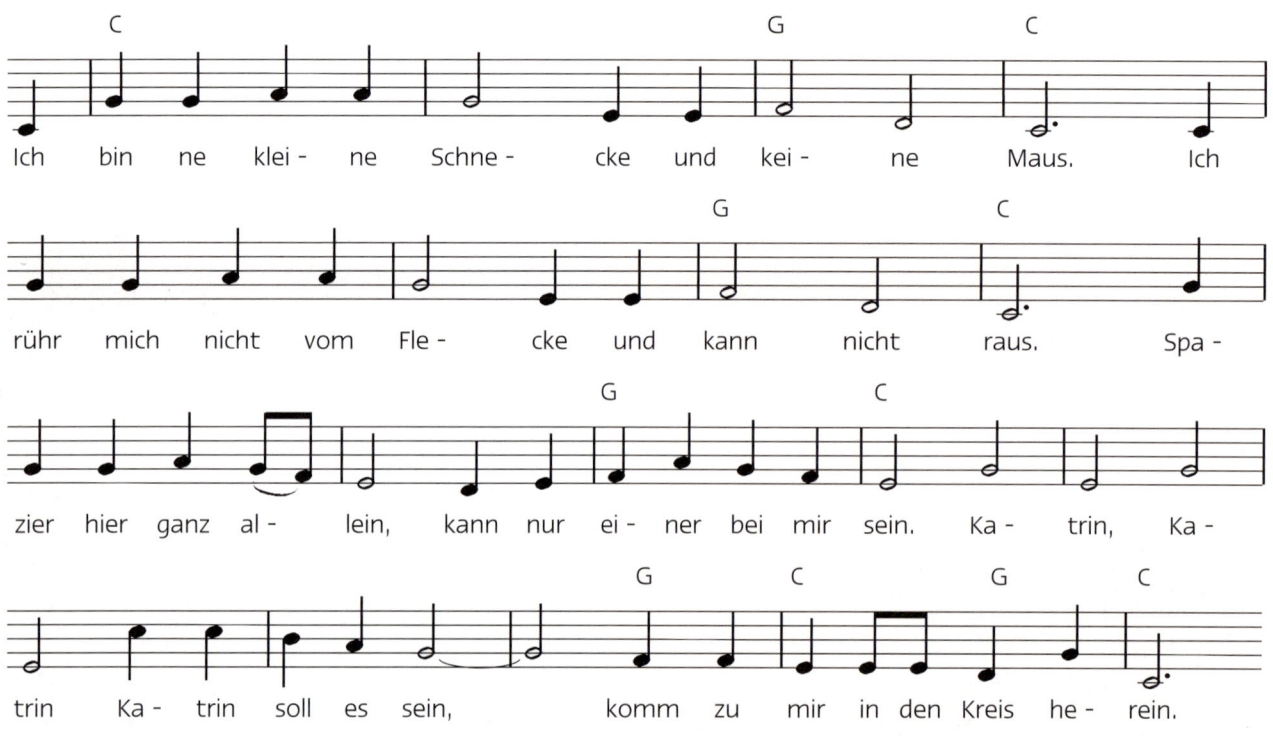

Ich bin ne klei - ne Schne - cke und kei - ne Maus. Ich rühr mich nicht vom Fle - cke und kann nicht raus. Spa - zier hier ganz al - lein, kann nur ei - ner bei mir sein. Ka - trin, Ka - trin Ka - trin soll es sein, komm zu mir in den Kreis he - rein.

Ich bin ne kleine Schnecke

Kreisspiel: Die Kinder gehen im Kreis, ein Kind steht in der Mitte und ist die Schnecke. Diese wählt sich ein Kind nach dem anderen aus. Die ausgewählten Kinder stellen sich, an den Händen angefasst, in der Form eines engen Schneckenhauses auf. Zum Schluss des Spiels wird das Schneckenhaus langsam wieder abgerollt.

Ein typisches Kindergarten-Spiel.

In der Berliner Straße

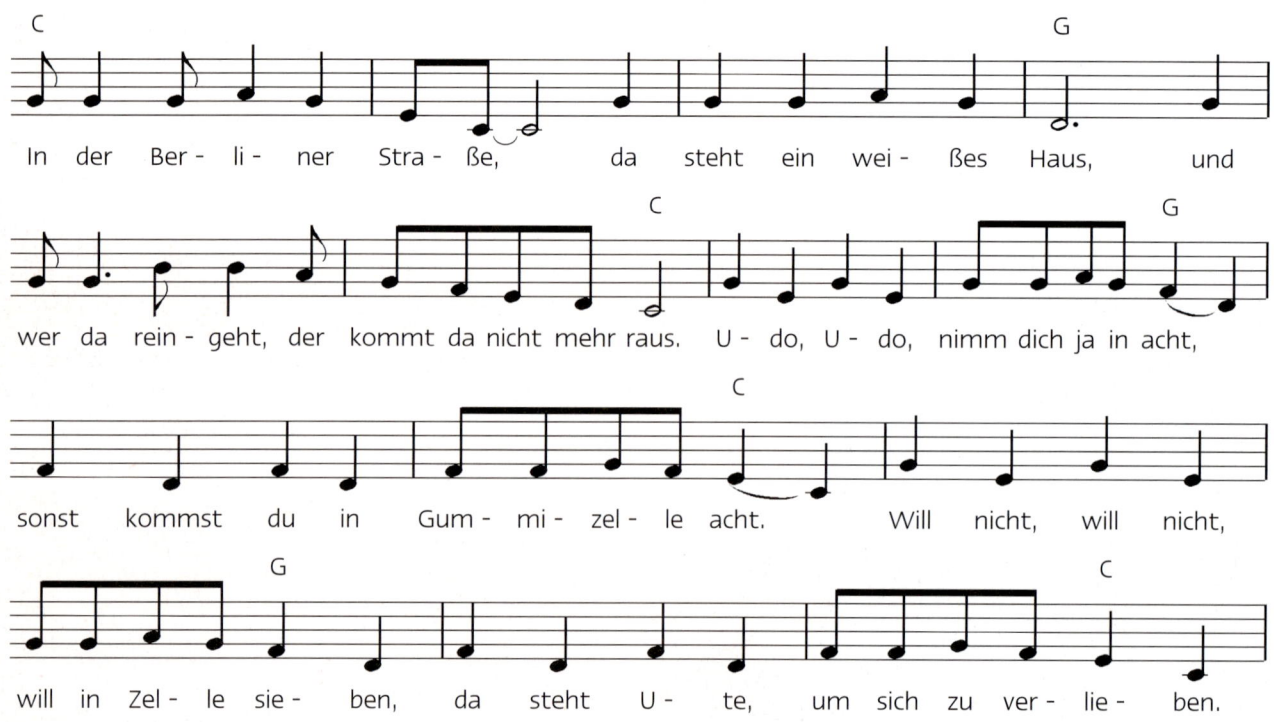

In der Ber - li - ner Stra - ße, da steht ein wei - ßes Haus, und

wer da rein - geht, der kommt da nicht mehr raus. U - do, U - do, nimm dich ja in acht,

sonst kommst du in Gum - mi - zel - le acht. Will nicht, will nicht,

will in Zel - le sie - ben, da steht U - te, um sich zu ver - lie - ben.

In der Berliner Straße

Dieses **Klatschspiel** haben wir 1988 in Uhlenhorst beobachtet. Zwei Kinder stehen sich gegenüber, klatschen in die eigenen Hände, dann mit der rechten Hand gegen die rechte des Partners, dann wieder in die eigenen, dann mit der linken Hand gegen die linke des Spielpartners.
Uhlenhorst, 1988.

Gummizellen, wie in diesem Lied besungen, gibt es nicht mehr, aber nach wie vor inspirieren psychiatrischer Einrichtungen die Fantasie der Kinder.

Ist die schwarze Köchin da

Ist die schwar – ze Kö – chin da? Nein, nein, nein!

Drei – mal muss ich rum – mar – schiern, das vier – te Mal den Topf ver – liern, das

fünf – te Mal komm mit, Frau Schmidt!

Ist die schwarze Köchin da

Kreisspiel: Die Kinder gehen im Kreis, ein Kind tanzt außen herum und fragt: Ist die schwarze Köchin da? Die anderen antworten: Nein, nein, nein! Bei kann... mit jedem Schritt wählt das Kind ein anderes aus, das nun mit läuft in den Kreis marschiert. Das Lied wird so oft wiederholt, bis nur noch ein Kind übrig bleibt. Dann antworten alle auf die Frage: Ist die schwarze Köchin da? Ja, ja, ja! Da steht sie ja, hui, pfui, buh! Das arme Kind muss nun den Schandbock spielen, denn es zieht gewissermaßen die Rolle der verängstigten Köchin auf sich, wenn es seinen Rücken beugen muss und die anderen um... was sie sprechen:

Erst mit der flachen Hand, dann mit der Faust, dann mit dem Ellenbogen und dann bist du raus!

In der nächsten Spielrunde marschiert dieses Kind um den Kreis.

Von: Inge Unbehauen 73 immer gemacht in Altona so gesungen und gespielt.

Ein Lied aus Zeiten, in denen ruhiwerschärfte Köchinnen heischen den Kindern mit dem Kochlöffel Angst einjagten.

Klarinette, goldne Kette

Kla - ri - net - te, gold - ne Ket - te, gold - ner Schuh, wie alt bist du?

Klarinette, goldne Kette

Amelie und Valentina, 7, aus Volksdorf haben uns 1999 dieses alte

Springtauspiel wieder gezeigt. Zwei Kinder schlagen das Seil, ein Kind springt im Seil. Nach wie alt bist du wird gezählt, wieviele Sprünge der Springer schafft. Dann heißt es z.B. "Sieben ist kein Wort und *du hörst fort*.

Laternelieder

La - ter - ne, La - ter - ne, Son - ne, Mond und Ster - ne. Bren - ne auf, mein Licht, bren - ne auf mein Licht, a - ber nur mei - ne lie - be La - ter - ne nicht.

Mei - ne La - ter - ne ist so schön, da kann man mit spa - zie - ren gehn.

In dem grü - nen Wal - de, wo die Büch - sen knal - len, wo de

Laternelieder

Ich geh mit mei – ner La – ter – ne und mei – ne La – ter – ne mit mir. Da o – ben

leuch – ten die Ster – ne, und un – ten, da leuch – ten wir. Mein Licht ist aus, wir

gehn nach Haus, la – bim – mel – la – bam – mel – la – bum – bum – bum.

Laterne, Laterne und Ich geh mit meiner Laterne

mit der Laterne gehen. Beim Laternenumzug eines Kindergartens oder einer Schule marschiert meist ein Spielmannszug voran. Beide Lieder wurden 1988 in Uhlenhorst aufgezeichnet.

Laterne, Laterne gibt es in zahlreichen Varianten. Bei Paul Wriede finden wir folgende:
Ooisch mit de Lücht, kann't Bedd nich finn'n,
fallt mit de Lücht int Kellerloch rin,
Kellerloch is to deep, fallt s' mit de Nas' in't Fuer,
Fuer das is too hitt, fallt 's mit de Nas' in'n Kitt,
Kitt de is to hatt, fallt s' mit de Nas' in't Fatt,
Fatt dat fallt entwei, de Hohn (sic), de leggt en Ei,
Kükeriküü!

Losgelöst vom Laterne-Laufen taucht dieser Reim hochdeutsch als *Witz von Onkel Fritz* 1988 bei Kindern in Altona auf:
Ich kenn nen Witz von Onkel Fritz, den darf ich nicht verraten,
sonst kommen die Soldaten und schießen mit Tomaten.
Tomaten sind zu rot, dann schießen sie mit Brot,
Brot ist zu teuer, dann schießen sie mit Feuer,
Feuer ist zu heiß, dann schießen sie mit Eis,
Eis ist zu kalt, dann gehn sie durch'n Wald,
Wald ist zu duster, dann gehn sie zum Schuster,
Schuster ist zu faul, dann haun sie ihm aufs Maul.

tischen Verhältnisse im 19. Jahrhundert:
Hamburg, Lübeck und Bremen, die brauche sich nicht zu schämen,
denn sie sind eine freie Stadt, wo Bismarck nichts zu sagen hat.
Laterne..

Mit ihrem Wirtschaftsliberalismus englischer Ausprägung stand die Stadt, die sich ab 1815 Freie und Hansestadt nennen durfte, im Gegensatz zum 1834 gegründeten deutschen Zollverein, der handelspolitischen Vereinigung deutscher Bundesstaaten zur Herstellung einer Wirtschaftseinheit in Deutschland. Die wirtschaftlich schwachen Mitgliedsstaaten, die auf Schutzzölle nicht verzichten wollten, beschwerten sich über den Separatismus von Hamburg, Lübeck und Bremen. Diese Städte wollten den Freihandel, d.h. den nicht von Zöllen behinderten Handel. So dichtete man in Hamburg: *Sie sollen uns nicht haben in ihrem Zollverein, ob sie wie gierge Raben sich heiser danach schrein.* Nach der Reichsgründung 1871 nahm das Problem der Zolleinheit an Schärfe zu. Reichskanzler Bismarck drängte auf Zolleinheit. 1888 trat Hamburg dem Zollverein bei, nachdem man einen Kompromiss gefunden hatte, der einen Teil des Hafens zum Zollausland, zum Freihafen, machte.

Laurentia

Lau - ren - tia, lie - be Lau - ren - tia mein, wann wer - den wir wie - der bei -
sam - men sein? Am Mon - tag. Ach, wenn doch bloß wie - der Mon - tag
wär, und ich bei mei - ner Lau - ren - tia wär, Lau - ren - tia wär.

Laurentia

Kreisspiel: Die Kinder gehen angefasst im Kreise. Jedesmal, wenn der Name *Laurentia* oder der eines Wochentages fällt, gehen alle in die Hocke. In der zweiten Strophe heißt es dann *Sonntag, Montag*, in der dritten *Sonntag, Montag, Dienstag* usw. Laurentia wird außerdem im schwierigen als Wasserlaufrhythmus Kindespiel.

Im Liede dankt man bei Jubiläen und Geburtstagen des singen wird. Überall dort, wo Lorbeerkränze auftauchten, ob man sieht oder aus... Lorbeer ist die alte lateinische Form, der italienischen kurzform *Laura* heißt soviel wie die Lorbeergekränzte, von *laurum*, der Lorbeer.

Machet auf das Tor

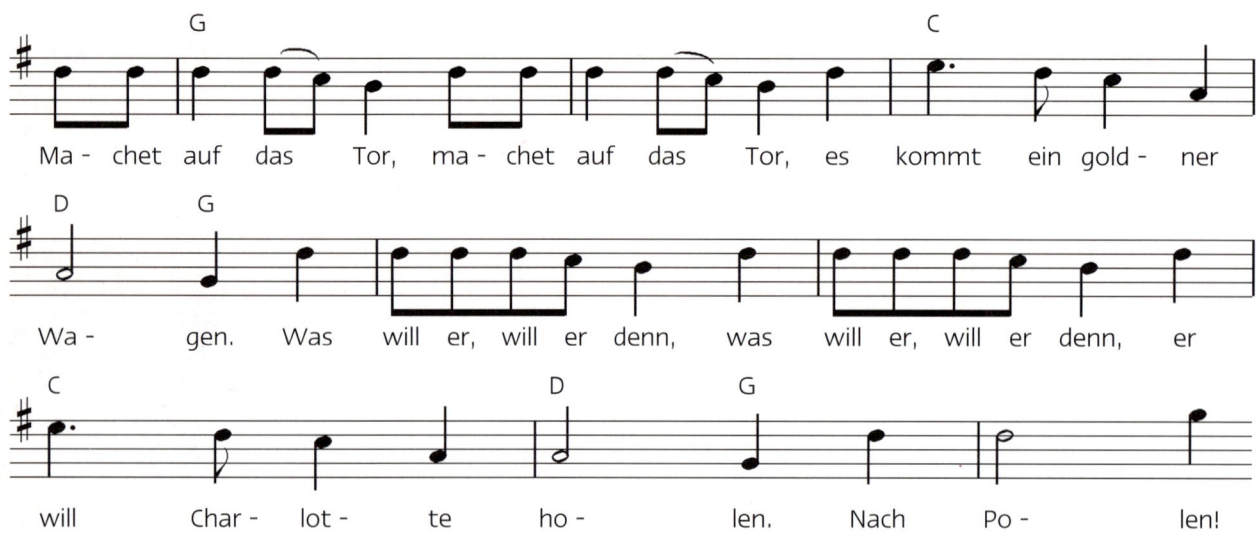

Ma - chet auf das Tor, ma - chet auf das Tor, es kommt ein gold - ner

Wa - gen. Was will er, will er denn, was will er, will er denn, er

will Char - lot - te ho - len. Nach Po - len!

Machet auf das Tor

Die Spielweise ist ähnlich wie bei der Meyerschen Brücke. Zwei Kinder bilden das Tor, indem sie sich hoch oben bei den Händen fassen. Für Charlotte singen sie den richtigen Namen eines Kindes, das sie bei der Probe zwischen ihren Armen fangen. Anschließend hält es dann.

Die Bengalen werden gefahren in einer Rippenwanne, in den Himmel hinein durchs goldene Tor. Sie werden nämlich auf den verschränkten Armen geschaukelt und dann in den Himmel befördert.

Die Teufelchen werden geschüttelt, gerüttelt, und wenn sie nicht wollen, dann fliegen sie raus. Die Hölle ist wieder wie bei der Meyerschen Brücke zwischen den Armen der kleinen Kinder.

Ein Lied aus dem Ruhrgebiet. Der Bezug zu Polen weist auf die vielen von dort eingewanderten Bergarbeiter hin.

Von Ulla Steinmann, 1925, aus Kahlsiedt, in ihrer Kindheit in Gelsenkirchen gesungen und gespielt.

Margarine, Butter ohnegleichen

Mar – ga – ri – ne, But – ter oh – ne – glei – chen. Mar – ga – ri – ne lässt sich nicht er – wei – chen.

Mar – ga – ri – ne kauft fast je – de Frau. Wär der Reichs – tag nicht ge – we – sen, wärn sie al – le blau.

Margarine, Butter ohnegleichen

Und was sagt immer euer Boss? In jedem Hause die gute Voss, so wurde früher für Margarine geworben. Margarine war 1869 in Frankreich entwickelt worden, als billiger Ersatz für Butter, die knapp und teuer war. Das Image des schlechten Ersatzes hing der Margarine allerdings immer nach und die Werbung versuchte, dem mit kernigen Sprüchen entgegenzuwirken. So ein Werbespruch ist direkt in dieses Lied eingegangen, in dem Margarine als Butter ohnegleichen bezeichnet wird. Margarethe, Mädchen ohnegleichen ist der Originaltitel des Liedes, das dieser Umdichtung zugrunde liegt. Die Molkereien wachten übrigens streng darüber, dass die Margarine-Industrie sich nicht mit Namen schmückte, die auf Milchprodukte hindeuteten, so durfte Rama sich nicht Rahma und Sanella nicht Sahnella nennen. Essen sie auch Margarine, Herr Dir – Ja, aber Sanella muss es sein. An Margarine, Butter ohnegleichen und den Sanella-Werbespruch konnte sich Helga Willi, 1959 aus Bremen noch aus ihrer Kindheit erinnern. Das Lied wurde bereits von ihrer Großelbern gesungen.

Das Haus der Voss, Margarine steht noch an der Habichtstraße in Barmbek, Architekten Grell und Pruter (1925–26). Es beherbergt heute das Architekturarchiv.

Max und Moritz

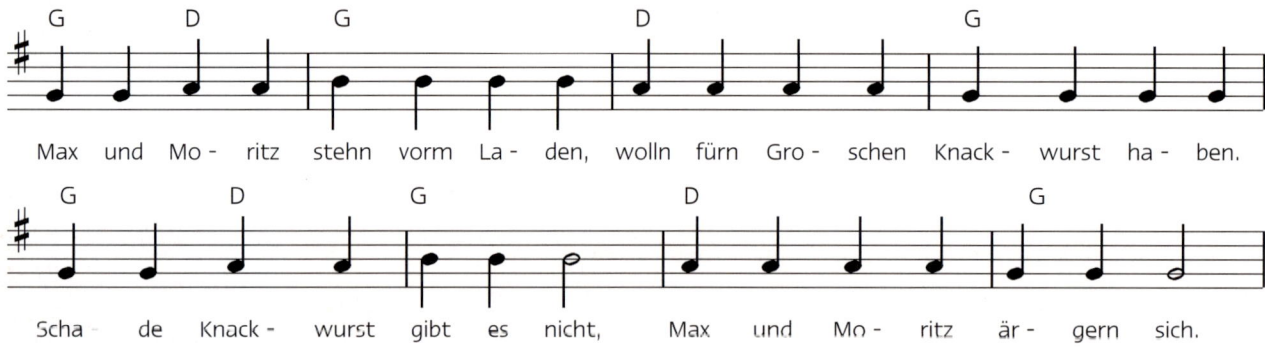

Max und Mo - ritz stehn vorm La - den, wolln fürn Gro - schen Knack - wurst ha - ben.

Scha - de Knack - wurst gibt es nicht, Max und Mo - ritz är - gern sich.

2. Ärgern sich die ganze Nacht, haben vor Wut ins Bett gemacht.
Kommt die Mutter rein, sagt lasst das bitte sein.

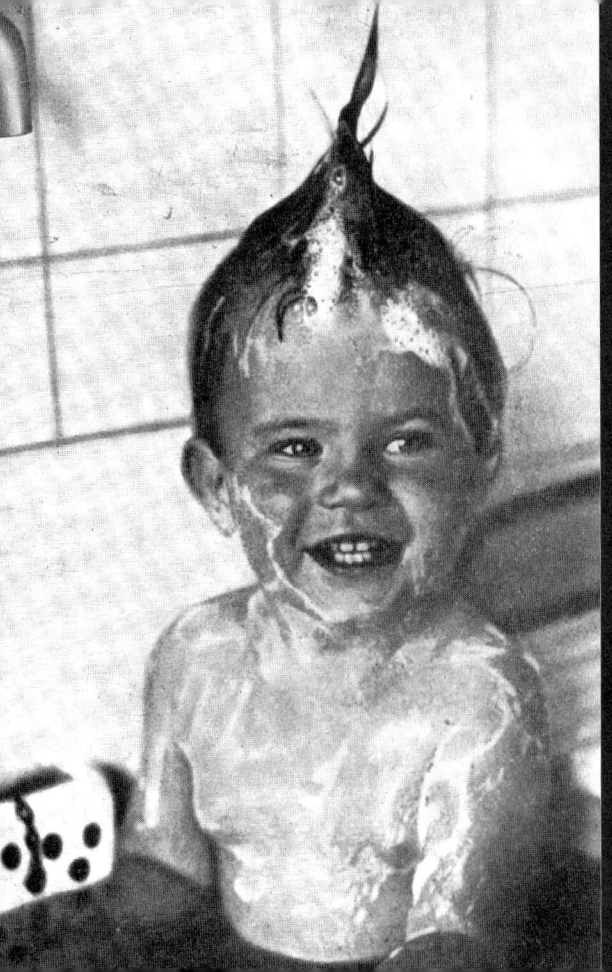

Max und Moritz

Klatschspiel

In Uhlenhorst haben wir 1988 ein Klatschspiel dazu beobachtet: zwei Kinder stellen sich gegenüber und klatschen im Rhythmus des Liedes abwechselnd in die eigenen und gegen die Hände des Partners.

Zum Teil singen die Kinder auch: Petze, Petze steht vorm Laden. Dann wird das Lied als Spottlied auf Kinder gesungen, die gepetzt haben.

Folgende Version findet sich im schleswig-holsteinischen Archiv des deutschen Volksliedarchivs in Freiburg:
Hänsel und Gretel stehn vorm Laden, wolln nur zwei Pfennig Käse haben.
Für zwei Pfennig Käse gibt es nicht, Hänsel und Gretel prügeln sich.
Kommt der dicke Polizist, steckt den Hänsel in die Kist.
Gretel muss vor Lachen für zwei Pfennig in die Hose machen.
Hamburg, um 1910, von Grete Kemrgsis, aufgezeichnet durch Freya Groth, 1989.

Als Fingerspiel beschreibt Lena Schelper-Strauss Mik-lk die erste Strophe von Max und Moritz. Die Handflächen werden dachförmig aneinandergelegt, dann die Zeigefinger in die Waagerechte gebracht, so dass ein Dreieck entsteht, das ein Haus mit Laden darstellen soll. Die beiden Daumen sind Max und Moritz, die sich vorm Laden tummeln. Am Schluss heißt es, denn bei dieser Spielart Max und Moritz prügeln sich, dargeboten von den beiden Daumen.

Meine Oma fährt im Hühnerstall Motorrad

Mei - ne O - ma fährt im Hüh - ner - stall Mo - tor - rad, Mo - tor - rad, Mo - tor - rad. Mei - ne

O - ma fährt im Hüh - ner - stall Mo - tor - rad, mei - ne O - ma ist ne ganz pa - ten - te Frau, wau - wau.

Meine Oma fährt im Hühnerstall Motorrad

Auch im Jahre 1988 in Altona wurde dieses
bekannte Lied gesungen:
2. Meine Oma hat'n Hamster, der gibt Pfötchen...
3. Meine Oma ne Brille mit Gardine...
4. Meine Oma hat'n Nachttopf mit Beleuchtung...
5. Meine Oma hat ne Glatze mit Geländer...

Die ältere Version der ersten Strophe endet *ohne
Hupe, ohne Bremse, ohne Licht*.

Mutter, ruf die Kinder rein

Mut - ter, ruf die Kin - der rein, Kar - la, Kar - la, komm he - rein. So

kommst du nicht, so hol ich dich, mit dem Stock ver - sohl ich dich.

Mutter, ruf die Kinder rein

Mutter, ruf die Kinder rein wurde 1938 in Urienhorst beim Seilspringen gesungen. Ein Kind springt im von zwei Kindern geschlagenen Seil und ruft ein zweites zu sich herein. Am Ende des Liedes springt das erste Kind aus dem Seil und das zweite Kind ruft sich wiederum ein Kind herein usw.

Zur gleichen Melodie sangen Swantje, Cathrin und Christine 1999 in Volksdorf.
Lieschen, Lieschen hat 'nen Stein.
Lieschen, Lieschen lässt ihn fall'n.
Lieschen, Lieschen hebt ihn auf.
Lieschen, Lieschen geht nach Haus.

Hier springt ein Kind allein im Seil. Wie im Liedtext beschrieben, hat Lieschen einen Stein in der Hand, den sie fallen lässt und beim Springen wieder aufhebt. Bei geht nach Haus springt Lieschen dann aus dem Seil.

Mutter, ruf die Kinder rein spiegelt – hervorragend von den Kindern beobachtet – die Erziehungsmethoden hoffentlich vergangener Tage wider. Sie zum Lied zu verarbeiten, war möglicherweise die Methode der Kinder, bei solcher Behandlung den Kopf oben zu behalten.

Oh, du mein Lutschbonbon

Oh, du mein Lutsch - bon - bon, Pfef - fer - minz eins a, al - le Af - fen, die so la - chen, ma - chen

sit - ta - ta, al - le Schwei - ne an der Lei - ne oh - ne Bei - ne ma - chen bäh.

Oh, du mein Lutschbonbon

1988: In Uldenhorst wurde dazu ein Springtautspiel gespielt. Zwei Kinder schlagen das Seil, ein Drittes springt und verlässt bei bei das Seil. Dann kommt das nächste Kind an die Reihe.

Wenn wir fahrn und Oh, du mein Lutschbonbon benutzen beide ein gemeinsames Repertoire an Nonsensversen.
Ob nun Affen, die da gaffen oder Schweine ohne Beine in der Lane, winkende, blinkende, singende, klingende, stein und Bein erweichende, quellende, schwallende, steigende, neigende, dann und wann tragende, schlagende Reime lebt nicht nur jedes Kind.

Oh, du mein Möppelchen

Jetzt danzt Han - ne - mann, jetzt danzt Han - ne - mann, jetzt danzt Han - ne - mann un sie - ne lee - ve Fru.

Oh, du mein Möp - pel - chen, mein Möp - pel - chen, mein Möp - pel - chen, oh, du mein Möp - pel - chen, mein

Möp - pel - chen bist du.

2. He hett Steeweln an, he hett Steeweln an,
he hett Steeweln an un se hett blanke Schoh.

3. He hett'n scheev Gesicht, he hett'n scheev Gesicht,
he hett'n scheev Gesicht un se'n Paar groote Ohrn.

In Kindergärten ist heute auch ein weniger assoziationsreicher, hochdeutscher Text zu der Melodie verbreitet:
1. Jetzt steigt Hampelmann, jetzt steigt Hampelmann,
jetzt steigt Hampelmann aus seinem Bett heraus.
Oh, du mein Hampelmann...

2.-5. Jetzt zieht Hampelmann...
sich seine Strümpfe, Hose, Jacke, Schuhe... an.

6. Jetzt setzt Hampelmann...
sich seine Mütze auf.

7. Jetzt tanzt Hampelmann...
mit seiner lieben Frau.

Oh, du mein Möppelchen

Kreisspiel: Während der Strophen stehen die Kinder im Kreis. In der Mitte befinden sich zwei Kinder, *Hannemann* und seine Frau, die in der ersten Strophe tanzen, in der zweiten ihre Steeweln und blanke Schoh zeigen und in der dritten ein scheev Gesicht, ein scheev Maul machen und Grätzen schneiden. Während des Refrains fassen sich die Kinder an und gehen im Kreis herum.

Der Text geht zurück auf den Schwank *Die sieben Schwaben*. Beim Anblick eines furchterregenden Tieres heißt es dort: *Hannemann, geh du voran! Du hast die größten Stiefel an, dass dich das Tier nicht beißen kann.* Bei dem furchterregenden Tier handelt es sich übrigens um einen harmlosen Hasen. Auch unser Hannemann hat Steeweln an. Der Name *Hannemann* ist die Koseform von Johannes. Der Refrain *Oh, du mein Möppelchen* wird gesungen auf die Melodie des *Bunkenese-Tschortentanzes*, der heute noch von Volkstanzgruppen getanzt wird. Der Tanz besteht aus drei Teilen. Der Vollständigkeit halber sind die beiden weiteren Melodieteile mitnotiert.

Oh, money, money, money

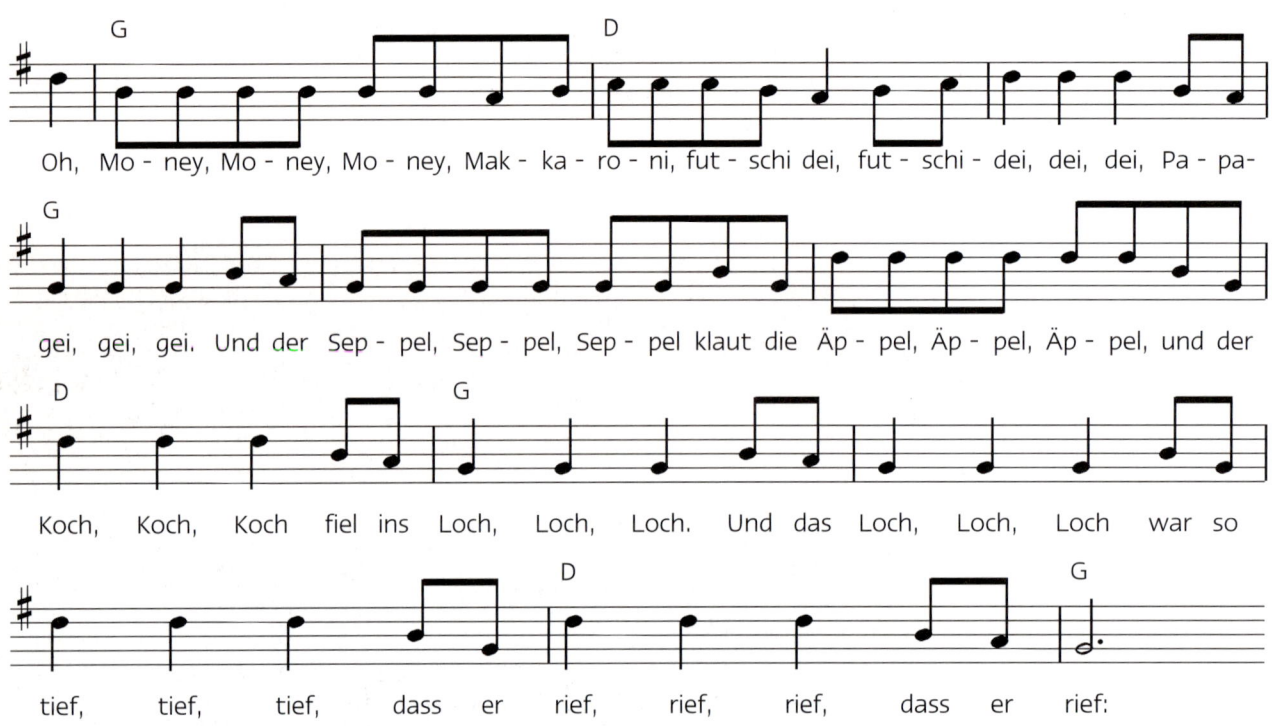

Oh, Mo - ney, Mo - ney, Mo - ney, Mak - ka - ro - ni, fut - schi dei, fut - schi - dei, dei, dei, Pa - pa -

gei, gei, gei. Und der Sep - pel, Sep - pel, Sep - pel klaut die Äp - pel, Äp - pel, Äp - pel, und der

Koch, Koch, Koch fiel ins Loch, Loch, Loch. Und das Loch, Loch, Loch war so

tief, tief, tief, dass er rief, rief, rief, dass er rief:

Oh, money, money, money

Klatschspiel

In dieser Form haben wir das Klatschspiel von *Oh, money, money* 1988 in Brammalo aufgezeichnet. *Oh, Money, Money* erfordert als Klatschspiel schon eine gewisse Geschicklichkeit. Zwei Kinder stehen sich gegenüber und klatschen in die eigenen Hände, dann mit der rechten Hand gegen die rechte Hand des Partners, dann wieder in die eigenen Hände, und dann mit der linken Hand gegen die linke Hand des Partners, also Klatsch-rechts – Klatsch-links. Der sonst gleichförmige Rhythmus wird unterbrochen durch ein dreifaches Klatschen mit beiden Händen gegen die Hände des Partners bei den drei aufsteigenden Viertelnoten wie bei *gel-gel-gel* und *Koch, Koch, Koch*.

In *Falle* von *Oh, Money, money, money* kann man sehr schön sehen, dass englische Wörter nur wegen des Klanges benutzt werden, denn viele Kinder singen dies Lied auch als *Oh, mane, mane, man*.

Recorder untern Arm geklemmt

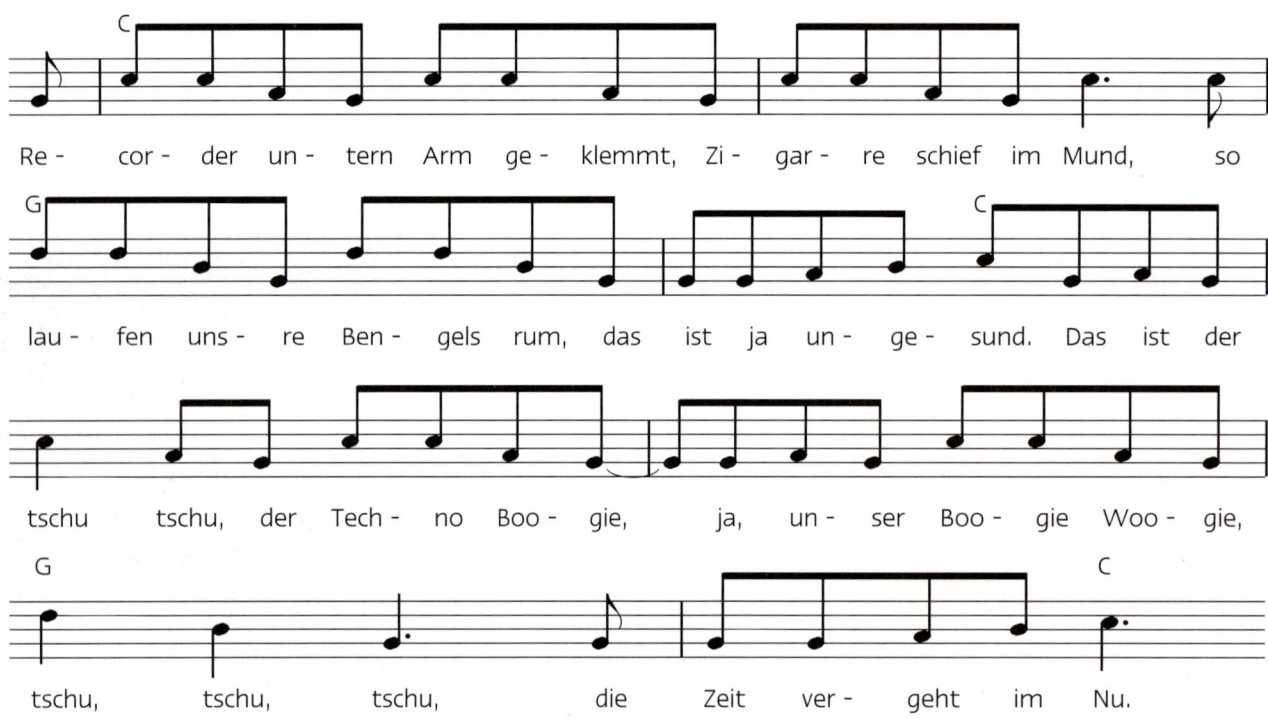

Re - cor - der un - tern Arm ge- klemmt, Zi - gar - re schief im Mund, so

lau - fen uns - re Ben - gels rum, das ist ja un - ge- sund. Das ist der

tschu tschu, der Tech - no Boo - gie, ja, un - ser Boo - gie Woo - gie,

tschu, tschu, tschu, die Zeit ver - geht im Nu.

2. Rotlackierte Fingernägel und gefärbtes Haar,
so laufen unsre Mädels rum, das ist doch völlig klar.

3. Die Melle hat 'ne Hose an, die ist ihr viel zu eng
und wenn sie sich auf ihr Pony schwingt, dann macht die Hose peng.

Recorder untern Arm geklemmt

Ein Lied, das sich musikalisch aus einigen Boogie-Woogie-Floskeln zusammensetzt. Der Name Boogie-Woogie erscheint erstmals 1928 bei einer Aufnahme des Pianisten Clarence Pinetop Smith, dem *Pinetop's Boogie-Woogie*. Beim Boogie-Woogie handelt es sich um einen Klavierstil des Blues. Sein Hauptkennzeichen ist eine rollende, rhythmisch gleichbleibende Bassfigur in gleichmäßigen oder swingenden Achtelnoten, die zum lautmalerischen Namen Boogie-Woogie führte. Ab Mitte der 30-er Jahre wurde Boogie-Woogie auch von Big Bands gespielt, vor allem vom Count Basie Orchestra. Die Melodien des Boogie-Woogie basieren auf meist kurzen, einprägsamen, sich wiederholenden Motiven.

Ri-ra-rutsch, wir fahren mit der Kutsch

Ri – ra – rutsch, wir fah – ren mit der Kutsch. Wir fah – ren mit der Schne – cken – post,

wo es kei – nen Pfen – nig kost. Ri – ra – rutsch, wir fah – ren mit der Kutsch.

Ri-ra-rutsch, wir fahren mit der Kutsch

Zwei Kinder fassen sich über Kreuz an den Händen und ziehen bei *ri-ra-rutsch* den rechten und dann den linken Arm zurück. Dann gehen die beiden bei *wir fahren mit der Kutsch* einige Schritte vor, bei *wir fahren mit der Schneckenpost* einige Schritte zurück, bei *wo es keinen Pfennig kost* einige Schritte vor. Dann folgt wieder die Pendelbewegung bei *ri-ra-rutsch.*
Von Inge Unbehauen, 73, in ihrer Kindheit in Altona gesungen und gespielt

Rote Kirschen ess ich gern

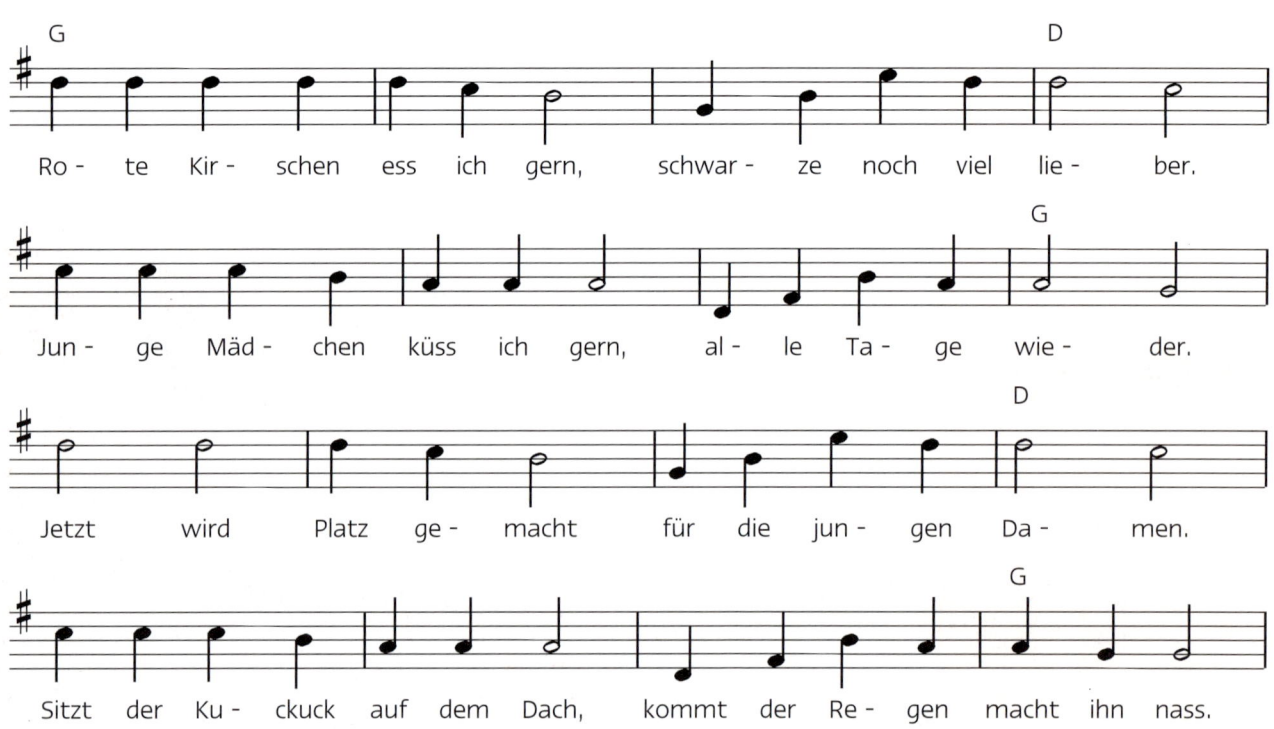

G   D

Ro - te Kir - schen ess ich gern, schwar - ze noch viel lie - ber.

Jun - ge Mäd - chen küss ich gern, al - le Ta - ge wie - der.   G

Jetzt wird Platz ge - macht für die jun - gen Da - men.   D

Sitzt der Ku - ckuck auf dem Dach, kommt der Re - gen macht ihn nass.   G

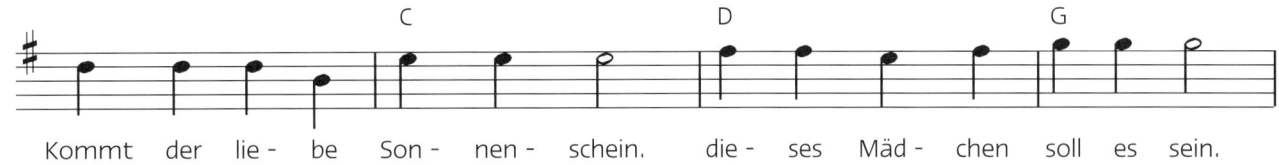

Kommt der lie-be Son - nen - schein. die - ses Mäd - chen soll es sein.

Rote Kirschen ess ich gern

Kreisspiel: Die Kinder gehen singend im Kreis, ein Kind geht außen in Gegenrichtung. Bei *jetzt wird Platz gemacht* durchbricht es den Kreis und stellt sich in die Mitte. Bei *dieses Mädchen/dieser Junge soll es sein* wählt es sich jemanden aus und das Spiel beginnt von neuem.

Die ganz brave Version dieses Liedes lautet: *Rote Kirschen... in die Schule geh ich gern alle Tage/Jahre wieder...* in der Sammlung *Allerleirauh* von Enzensberger heißt es: *Rote Kirschen... Junge Männer küss ich gern, alte schlag ich nieder.* Dem Kirschbaum schrieb man früher magische Kräfte zu: Wenn Kirschzweige, die zu Weihnachten geschnitten sind, aufblühen, bedeutet dies baldige Hochzeit. Außerdem dient der Baum der Vorhersage. Das Schütteln des Kirschbaumes in der Thomasnacht, der längsten Nacht des Jahres, ist ein Eheorakel. Der zweite Teil des Liedes geht zurück auf ein altes Hochzeitslied: *Der Gutzgauch auf dem Zaune saß.* Gutzgauch war die alte Bezeichnung, bevor sich das heute übliche lautmalerische Kuckuck durchsetzte. Im Lied heißt es weiter: *... es regnet sehr und er ward nass... darnach da kam der Sonnenschein, der Gutzgauch, der ward hübsch und fein...* Im Volksglauben schrieb man dem Kuckuck früher Einfluss auf Liebe und Ehe zu – der Kuckuck als Regenbringer und Symbol für Fruchtbarkeit. In heute gebräuchlichen Redensarten steht der Kuckuck jedoch für den Teufel: *Hol's der Kuckuck.*

4 Rummelpottlieder:
Rummel, rummel, rogen

Rum - mel, rum - mel, ro - gen, giff mi'n Ap - pel - ko - ken.

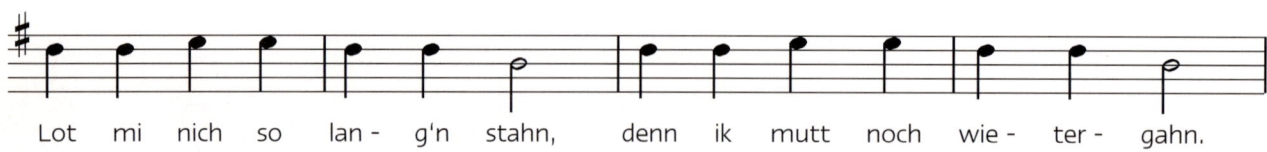

Lot mi nich so lan - g'n stahn, denn ik mutt noch wie - ter - gahn.

2. Een Hus wieder, wohnt de Snieder,

een Hus nebenan wohnt de Wihnachtsmann.

Een Hus achter wohnt de Slachter.

3. Haut de Katt 'n Steert aff,

hau em nich so lang aff,

lot 'n lütten Stummel stahn,

dat he wedder wassen kann.

Rummel, rummel, rogen

Wenn die Kinder nichts bekommen haben, rufen sie:
Witten Tweern, swatten Tweern, disse Olsch, de gift nich gern!
Uhlenhorst, 1988

Elfriede Brandt, 77, sang Mitte der 30-er Jahre in Altenwerder
folgende Version. Pögen übersetzt sie mit Beutel.
Rummel, rummel, rogen, gev uns wat in Pögen,
gev uns von de lang un lot de Kotten hang.
Gev uns von de grote Wurst un lot uns nich solange stohn,
wi mutt noch een Huus wiedergohn.

Rummelpöttlieder greifen auf ein Repertoire von gängigen Rummel-
pöttreimen zurück. Der Text aus der Sammlung von Paul Wriede von
der Jahrhundertwende ist eine wahre Fundgrube für Rummelpott-
Lyrik.

Rummel, rummel, rogen, giff mi wat in de Pögen,
lot mi nich so lang'n stahn, ik mutt noch een Hus wiedergohn.
Denn goh ick no mien'n Nober hen, dor gifft dat Speck un brodte
Wust.
Dor kummt en Schipp ut Holland her, dat hett so'n mojen Wind.
Wind will nich wieken, Schipper wullt du striken,
Treck de Seils woll op un dol, giff mi wat in'n Rummelputt.

Een, twee, dree un veer, wenn't man koppern Sößling weer.
Die Jokob Jantzen mit de dicke Panzen kann so ror op de Fiedel spel'n
kann man so fein no danzen. Lang mi mol de Mettwust her, is se
brov dick?
Oder is se man kleen? Giff mi twee for een.

Sebastian, 1H, aus Uhlenhorst schreibt 1988 zum Rummelpottlaufen:
Rummelpottlaufen machten früher die Armen. Am Silvesterabend
verkleideten sich die Kinder, damit man sie nicht erkennen sollte. Um
einen Rummelpott zu bauen, brauchte man eine Schweinsblase. Die
wurde zuerst in Salzwasser gereinigt. Dann wurde in der Mitte ein
Stück Holz befestigt. Jetzt wurde die Blase über einen Topf gespannt,
indem sie trocknete, spannte sich die Schweinsblase stramm. Wenn
man mit der angefeuchteten Hand am Stab auf- und abrutschte,
entstand ein Brummton. Dazu wurden Lieder gesungen: Rummel,
rummel, rogen... Man zog singend von Haus zu Haus und bekam
Geld und Lebensmittel, die vom Weihnachtsfest übrig waren.
Manchmal gabs auch gar nichts. Dann sangen alle: Witten Tweern,
swatten Tweern, ole Wieber gift nich gern!

Als Martin noch ein Knabe; Matt'n, Matt'n Heern

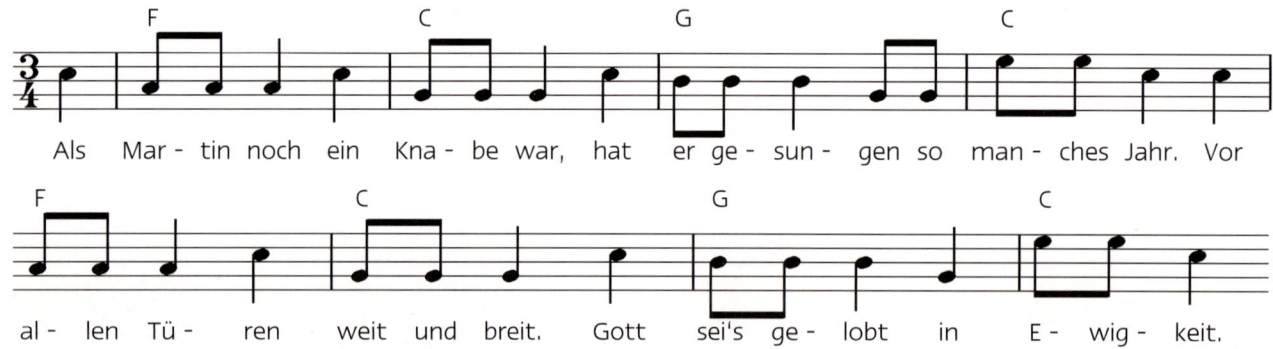

Als Mar - tin noch ein Kna - be war, hat er ge - sun - gen so man - ches Jahr. Vor al - len Tü - ren weit und breit. Gott sei's ge - lobt in E - wig - keit.

Als Martin noch ein Knabe; Matt'n, Matt'n Heern

Lutz Hüttel, 47, aufgewachsen in Oberohe in der Südheide, konnte sich aus seiner Kindheit noch an das Martinslied Matt'n, Matt'n Heern erinnern, gesungen zur Melodie von Rummel, rummel, rosen. Das Lied wurde zum Martinstag – 11. November – gesungen, ebenso wie Als Martin noch ein Knabe war. Die Legende, dass Martin von Tours (317–397) als Ritter seinen Mantel mit einem frierenden Bettler geteilt habe, hat im Volkskult immer eine besondere Rolle gespielt. Der Tag des heiligen Martin, Martinstag, Martini, ist besonders in Holland, Flandern, Luxemburg und am Niederrhein ein Volksfeiertag. Am Vorabend werden Martinsfeuer abgebrannt, am Abend des Martinstages selbst veranstalten die Kinder Umzüge mit Laternen und Martinsliedern. Im bäuerlichen Brauchtum war der Martinstag früher das Ende des Wirtschaftsjahres, mit Entlohnung des Gesindes. Er wurde durch den Martinsschmaus gefeiert, mit der Martinsgans als Festbraten.

Matt'n, Matt'n Heern, de Appel un de Beern,
de freet ick ja so geern.
Lat mi nich so lange stahn, ick mutt ja noch nach Bremen gahn,
Bremen is ne schöne Stadt, de hett für alle Kinder watt.

Hommer, Hommer, hüh

Hom – mer, Hom – mer, hüh, gev mi'n lüt – ten Klü. Lott mi nich so lang stahn, ick
mutt noch een Hus wie – der gahn. Een Hus ach – ter wohnt de Slach – ter, een Hus wie – der
wohnt de Snie – der, een Hus in de Mitt, dor wohnt de Smitt.

In den Vier- und Marschlanden heißt der Brauch des Heischens
Hommer-Hüh-Umgang und findet zur Faschingszeit statt. Er ist in
Kirchwerder am Dienstag, in Altengamme am Aschermittwoch
und in Ochsenwerder am Donnerstag. Die Kinder ziehen verkleidet
und geschminkt von Haus zu Haus, klopfen mit einem Löffel(?)
an die Haustür und singen ihr Hommer-Hüh-Lied. Hier die Version
von Linda, 12, und Greta, 9, aus Kirchwerder, 1999 aufgezeichnet.
Der Name des Liedes leitet sich ab vom Holzhammer, mit dem die
Kinder früher an die Türen klopften. Hans Förster (1885–1966),
Maler, Zeichner und Autor von Die zauberischen Vierlande, schreibt
dazu: Na, de bangen Lütten, de haarn son oll Ham-(?)
mer un kloppen daarmit aller wegen an, daar(?)
Haamer, Haamer, hüh, Haamer, Haamer, Tassala wenn(?)
gau, ja Lütten, kinner wat, de dann Lütt Haamer hätt(?)
Halv mit ok weh un Haamer(?) ... so lange stahn, wi mööt noch(?)
een Hus widergahn.

Fru, mok de Dör opp

Fru, mok de Dör opp, de Rum - mel - pott - will rin. Un wenn en Schipp ut Hol - land kümmt, denn

geiht 'n go - den Wind. Hau de Katt 'n Schwanz aff, hau 'n nich so lang aff!

Lat 'n lüt - ten Stum - mel stahn, un de Katt kann wie ter - gahn.

Fru, mok de Dör opp

Fru mok de Dör op gehört zu den **Heischeliedern**, mit denen die Kinder an bestimmten Festtagen um Lebensmittel, Geld und Süßigkeiten betteln. Wir haben es noch 1988 in Uhlenhorst gehört.

Zum Thema Rummelpott in Bergedorf findet sich im Archiv Ludwig Uphoff - heimatgeschichtliche Sammlung für Bergedorf seit 1915, heute geführt vom Enkel des Begründers, Gerd Hoffmann - eine Schilderung, die der Maler Fritz Stoffert (1817-1910) in seinen Jugenderinnerungen von 1895 gegeben hat ... verlief auch das Leben im kleinen Bergedorf im allgemeinen einfach und gleichmäßig, so traten doch Zeiten ein, wo altherkömmliche Feste eine erhöhte Bewegung in solche Ruhe brachten. So zumal die Fastnacht. Vom Morgen bis zur Dämmerung hallte die Stadt vom Getose des Rummeltopfes, dem Pochen der kleinen Holzhammer und dem Gesange der umherziehenden Kinder wider. Einem langjährigen Herkommen gemäß kamen am Tage der Fastnacht aus der ganzen Umgegend, zumal aus den Vierlanden, Almosen bittende Kinder in die Stadt gezogen.

Teils mit einem musikalischen Gerät, denn Instrument durfte man es nicht nennen, dem Rummeltopf, teils mit einem kleinen Hammer versehen, um unter Gesängen, oft recht altertümlichen Charakters mit stark holländischen Anklängen, ihren Fastnachtgruß darzubringen und dafür eine kleine Gabe in Empfang zu nehmen. Jedes Kind trug einen leinenen Brotsack, in den es die eigens zu diesem Zweck gebackenen Brötchen, sowie andere ihm verabreichten Lebensmittel tät. Diese Brotbeutel schwollen zuweilen so an, dass die Kleinen die Last kaum zu tragen imstande waren...

Schebbidebbi Lady

Scheb - bi - deb - bi La - dy, U - te kriegt ein Ba - by. Mach doch kein The - a - ter, Jo - chen ist der Va - ter.

Schebbidebbi Lady

Natürlich verulken sich die Kinder mit diesem Lied gegenseitig, indem sie die
wirklichen Namen einsetzen.
Bei diesem 1958 in Uhlenhorst aufgezeichneten Klatschspiel stehen sich zwei
Kinder gegenüber und klatschen im Rhythmus des Liedes abwechselnd in die
eigenen und gegen die Hände des Spielpartners. Bei jeder Wiederholung wird
das Tempo angezogen.

Dieses **Klatschlied** verballhornt den Titel des Disco-Songs Cherry Cherry Lady
der Gruppe Modern Talking aus den 80er Jahren. Die Melodie ist eine kindliche
Neuschöpfung.

Scheiße in der Lampenschale

Schei - ße in der Lam - pen - scha - le, he - la - di - la - di - ho,

gibt ge - dämpf - tes Licht im Saa - le, he - la - di - la - di - ho.

2. Scheiße auf dem Autoreifen... gibt beim Bremsen braune Streifen...

Scheiße in der Lampenschale

Ein Lied, bei dem in übermütiger Runde jeder spontan dichten muss und meist auch kann. Auch mancher, der heute erwachsen ist, erinnert sich bestimmt daran, wie er oder sie mit anderen zusammen auf der letzten Bank im Bus zur Klassenfahrt solche Lieder gegrölt hat – und es galt, im heiklen Ritt auf den Wogen des Übermuts, den Wellenbrecher der Tabufrage möglichst knapp zu umschiffen.

Schornsteinfeger ging spaziern

Schorn - stein - fe - ger ging spa - ziern, Schorn - stein - fe - ger ging spa - ziern, ging spa - ziern, Schorn - stein - fe - ger ging spa - ziern.

2. Kam er an ein kleines Haus…

3. Schaute dort ein Mädchen raus…

4. Mädchen, willst du mit mir gehn…

5. Muss ich erst die Eltern fragen…

6. Vater, darf ich mit ihm gehn…

7. Musst du erst die Mutter fragen…

8. Mutter, darf ich mit ihm gehn…

9. Nein, mein Kind das darfst du nicht…

10. Lief sie schnell zur Tür hinaus…

11. Schornsteinfeger hinterher…

12. Fuhrn sie in ein fernes Land…

13. Kriegten dort ein Zwillingspaar…

14. Feierten ein Hochzeitsfest…

Schornsteinfeger ging spaziern

Die Kinder stehen in einer Reihe, der Schornsteinfeger
geht in der ersten Strophe davor auf und ab. Strophe
eins bis drei singen alle Kinder. Denn während der Schornsteinfeger ein Mädchen aus, das dann die nächste Strophe
singt. Strophe sechs bis neun singen dann Mädchen,
Vater und Mutter. Strophe elf bis vierzehn wieder alle.
So hat es uns Laura, 12, aus Winterhude vorgesungen.

Eine Melodie, die sich aus Akkordtönen sowie zwei
Wechselnoten und einer Durchgangsnote zusammensetzt, und ein Text, der zum Teil wiederholt wird: einfach, aber einprägsam ist das Muster dieses Liedes. Ob
nun ein *Schneider fing ne Maus*, wie jährlich neue *noch
Holland*, oder *zählt man tausend Männer*. Lieder, die sich im
immer im 3/4 Takt wie Strophe für Strophe bewegen, sind von den
Kindern leicht schnell aufzunehmen und zu behalten.

Sechzehn Kinder hab ich

Sech - zehn Kin - der hab ich, fünf will ich ver - kau - fen, fünf will ich nach Hol - land schi - cken,

fünf will ich ver - sau - fen. Und das ei - ne, das ich hab, macht mir so - viel Kum - mer,

steck ich in den Klei - der - schrank, lass es dort ver - hun - gern.

Sechzehn Kinder hab ich

Dieses Lied wird von einer drohenden Gebärde mit dem Zeigefinger begleitet.
Während ihrer Kindheit gesungen von Helga Willfang, 59, aus Bremen

Sechzehn Kinder hab ich zeigt in eindringlicher Weise das Elend der verarmten Schichten. Damit Mütter ihre Kinder nicht verkaufen mussten, hatte man in Hamburg im 18. Jahrhundert nach italienischem Vorbild beim Waisenhaus einen Torno, eine Drehlade eingerichtet, wo die Mutter das Neugeborene in einen drehbaren Behälter legen konnte, ohne selbst gesehen zu werden. Diese Einrichtung musste wieder abgeschafft werden, weil sie übermäßig in Anspruch genommen wurde.

Neben den vielen Liedern, die die Stadt beschreiben im Stile von *Hamburg ist ein schönes Städtchen, siehste wohl* gibt es auch kritischere Betrachtungen wie diese von Friedrich Hebbel, der lange in Hamburg lebte, aus dem Jahre 1853:

Enge Straßen, dumpf und düster, dass man fast darin erstickt,
wenn die Erde faule Dünste und der Himmel Regen schickt.
Ach! die Tropfen, die da fallen, scheint der klare Aether nicht,
scheint ein voller Schwamm zu geben, der sich ausgedrückt erbricht.
Eben angekommen, lockte mich ein Sonnenstrahl heraus.
Aber dieses Schauderwetter treibt mich gleich zurück ins Haus.
Unter jenem Torweg suche ich verdrießlich etwas Schutz,
doch der Haushund will's nicht dulden, zähnefletschend beut er Trutz.
Dennoch ladet, heiser duldeind, mich ein Leierkasten ein,
mir aus allem nichts zu machen und vergnügt und froh zu sein.

Si, si, Señorita, Señor

Si, si, si, Se - ño - ri - ta, Se - ñor. Wir tan - zen hum - ba, hum - ba cha - cha,

hum - ba, hum - ba cha - cha. I love you und das bist du.

Si, si, Señorita, Señor

Klatschspiel: Im Rhythmus des Liedes klatschen zwei Kinder,
die sich gegenüberstehen, abwechselnd in die eigenen und
gegen die Hände des Spielpartners. Beides bei Tempiek tlan mit
dem gegenüber in dem Bauch.
So spielten es Kinder, die wir 1993 in Altona besuchten.

Ob von den Kindern auch verstanden oder nicht, ob man sich überhaupt sinnvoll oder nicht, fremdsprachiger Brocken erhält in den
Refrains vieler Straßenlieder.

Sissy, mein Spielfreund

Sissy, mein Spielfreund

Klatschspiel: Zwei Kinder stehen sich gegenüber und halten sich mit den kleinen Fingern beider Hände ein. Im Rhythmus des Liedes werden die Arme hin- und herbewegt. Ab *nein, nein, ich will nicht* geht es dann als Klatschspiel weiter, wobei die Kinder erst in die eigenen Hände klatschen, dann mit der rechten gegen die rechte des Mitspielers, dann wieder in die eigenen Hände, dann mit der linken gegen die linke. Dann beginnt der Bewegungsablauf von neuem. Bei diesem Lied singt das eine der Kinder den ersten Teil. Das andere antwortet dann: *Nein, nein, ich will nicht...*
Das Lied haben wir schon 1988 in Valentinhorst gehört. 1993 haben uns Fanny und Iris aus Umenhorst die Spielbeschreibung dazu geliefert. Statt Sissy sangen sie *sissy*, ging mit englischer Aussprache.

Taler, Taler

Ta - ler, Ta - ler, du musst wan – dern, von der ei – nen Hand zur an – dern.

Das ist schön, das ist schön, nie – mand darf den Ta - ler sehn. O wie klö - tert das

in mei'm But - ter - fass, o wie klö - tert das in mei'm But - ter - fass.

Taler, Taler

Kreisspiel: Die Kinder stehen oder sitzen im Kreis und halten beide Hände, die sie aneinandergelegt haben, vor dem Bauch. Ein Kind steht in der Mitte des Kreises und hält zwischen beiden Händen ein Geldstück, den *Taler*. Während des Liedes geht es von Kind zu Kind und zieht seine aneinandergelegten Hände zwischen den Händen der Kinder durch und lässt dabei einem der Kinder das Geldstück in die Hände gleiten. Bei *o wie klötert das* geht das Kind zurück in die Kreismitte, hält seine beiden zusammengelegten Hände an ein Ohr und tut so, als würde es beim Schütteln das Klötern des Geldstückes hören. Dann wählt es ein Kind aus zu raten, wer wohl den Taler bekommen hat. Jetzt halten alle anderen Kinder ihre Hände ans Ohr, schütteln und singen: *O wie klötert das...* Hat das Kind richtig geraten, ist es in der nächsten Spielrunde *dran*, wenn nicht, muss ein anderes raten.

Nach der deutschen Mark kommt der Euro, aber was war vor der Mark? Der Taler – und in den USA und Kanada gilt er noch heute. Der Taler war eine frühere deutsche Silbermünze und als Reichstaler von 1566-1750 die amtliche Währung. Im deutschen Zollverein galt ab 1838 der Vereinstaler. 1908 wurde der Taler durch ein Dreimarkstück ersetzt. Seinen Namen verdankt der Taler Joachimsthal in Böhmen, wo er 1515 zuerst geprägt wurde. Andere Länder übernahmen schon früh den Namen in ihre Sprache: Daalder, Tallero, Daler, Dollar.

Teddybär, Teddybär, dreh dich um

Ted – dy – bär, Ted – dy – bär, dreh dich um. Ted – dy – bär, Ted – dy – bär, mach dich krumm.

Ted – dy – bär, Ted – dy – bär, zeig dein'n Fuß. Ted – dy – bär, Ted – dy – bär, wie alt bist du?

Teddybär, Teddybär, dreh dich um

Zwei Kinder schlagen ein langes Seil. Ein Kind springt im Seil und folgt den Anweisungen wie *dreh dich um* und *zeig deinen Fuß*. Am Schluss des Liedes wird bei *wie alt bist du?* solange mitgezählt, bis das Kind einen Fehler macht.
So haben wir das Spiel 1988 bei Kindern in Uhlenhorst beobachtet.

Bis heute hat der *Teddy* seinen Vorzugsplatz unter der immer größer werdenden Artenvielfalt der Stofftiere behauptet. Vielleicht verdankt das diese Kunstfigur ihrer gewissen Ähnlichkeit mit der menschlichen Gestalt, die sie zugleich mit dem kuscheligen Bärenfell vereinigt – vielleicht aber auch ihrem berühmten Namensgeber Theodor *Teddy* Roosevelt (1858–1919), dem 26. Präsidenten der USA. Bei einem seiner Gala-Diners wurden Stoffbären als Tischdekoration verwendet, da er bei einer Jagd Bären verschont hatte. *Teddy* ist die englische Koseform von Theodor.

Trauer über Trauer

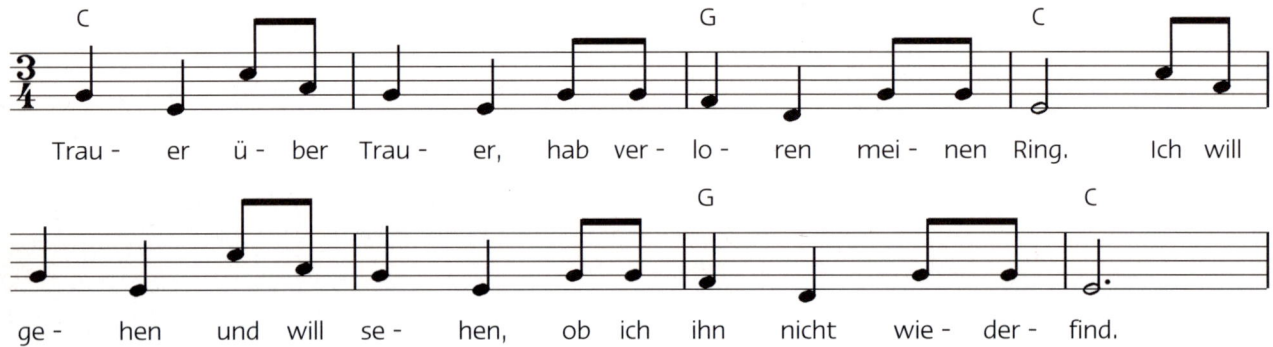

Trau - er ü - ber Trau - er, hab ver - lo - ren mei - nen Ring. Ich will

ge - hen und will se - hen, ob ich ihn nicht wie - der - find.

2. Freude über Freude, ich hab gefunden meinen Ring,
ich will gehen und will sehen, ob ich ihn verschenken kann.

Trauer über Trauer

Kreisspiel: Die Kinder gehen im Kreise. Ein Kind steht in der Mitte und hält einen Fuß auf einem Ring. Dem Text der zweiten Strophe folgend, gibt es den Ring an ein anderes Kind weiter.

Ein Lied aus der Sammlung von Hans Appel, 1947. In "Allerleirauh" von Enzensberger heißt es:

Jammer, Jammer über Jammer, hab verloren meinen Sohn.
Ich will geh'n, ich will seh'n und will suchen meinen Sohn.
Macht mir auf die Gartentür, dass ich suche meinen Sohn.
Freude, Freude über Freude, hab gefunden meinen Sohn.

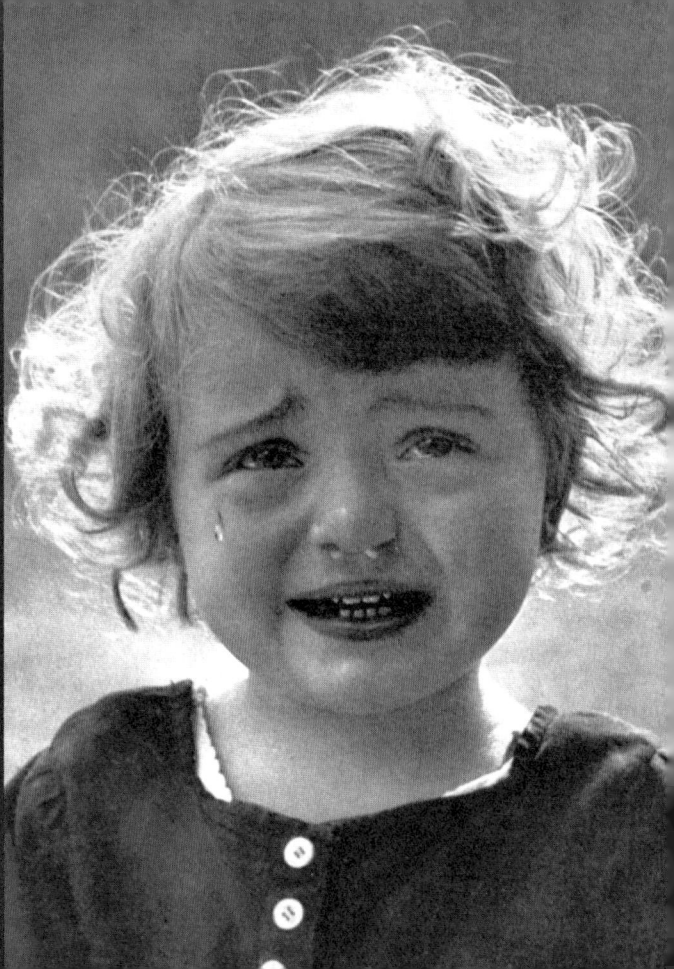

Tschuck, tschuck, tschuck, die Eisenbahn

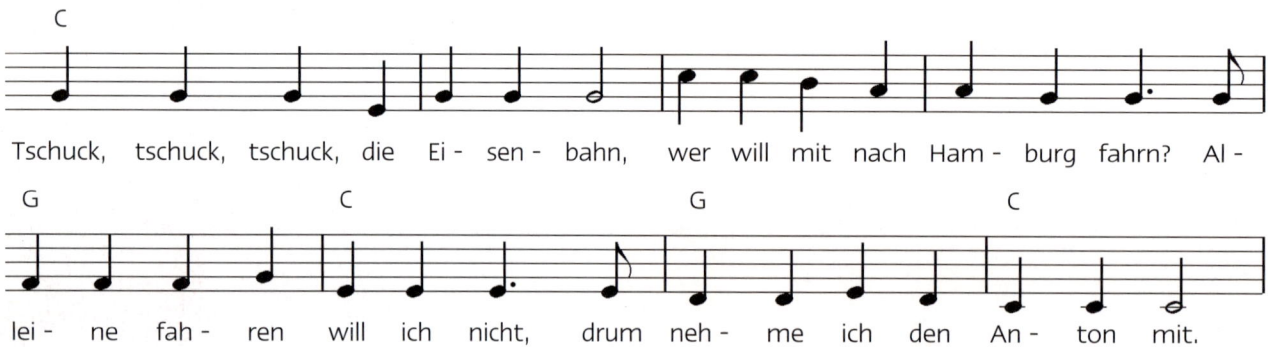

Tschuck, tschuck, tschuck, die Ei - sen - bahn, wer will mit nach Ham - burg fahrn? Al -
lei - ne fah - ren will ich nicht, drum neh - me ich den An - ton mit.

Tschuck, tschuck, tschuck, die Eisenbahn

Polonäse: Ein Kind beschreitet vor einer Gruppe von Kindern einen großen Kreis. Am Ende der
Strophe wählt es sich ein Kind aus, das hinter ihm hergehen und die Hände auf Schultern legen
muss. Am Ende jeder Strophe wird ein weiteres Kind ausgewählt, das sich der *Eisenbahn* anschließt.
Jörn Mahlmann, 41, Groß-Flottbek, 1999

Die Polonäse wurde 1573 erstmalig erwähnt und in Frankreich als polnischer Tanz (polonaise =
polnisch) bezeichnet. Dieser Tanz leitete Festlichkeiten ein, bei denen die Paare in langer Kolonne
die Festräume durchschritten.

Amelie, 7, Volksdorf, kennt einen anderen Text, 1999 aufgezeichnet:
Tut, tut, tut, die Eisenbahn, wer will mit nach Hamburg fahren?
Hamburg ist 'ne große Stadt, die soviele Kinder hat.

Und sie schrien nach Klopapier

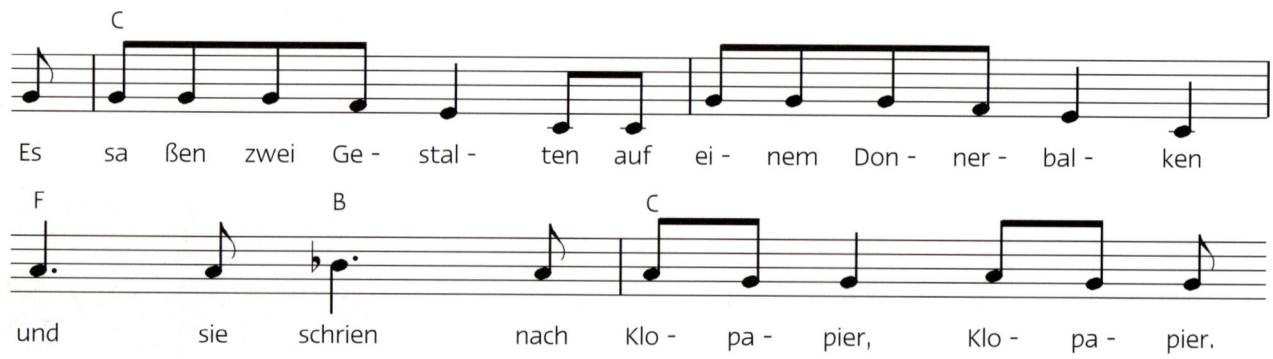

Es sa ßen zwei Ge- stal- ten auf ei- nem Don- ner- bal- ken

und sie schrien nach Klo- pa- pier, Klo- pa- pier.

2. Und dann kam der Dritte, der schiss in die Mitte - und sie schrien nach Klopapier, Klopapier.

3. Und dann kam der Vierte, der beim Scheißen frierte - und...

4. Und dann kam der Fünfte, der beim Scheißen schimpfte - und...

5. Und dann kam der Sechste, der beim Scheißen hexte - und...

6. Und dann kam der Siebte, der die Scheiße siebte - und...

7. Und dann kam der Achte, der beim Scheißen lachte - und...

8. Und dann kam der Neunte, der beim Scheißen träumte - und...

9. Und dann kam der Zehnte, der brachte das ersehnte - Klopapier, Klopapier.

Und sie schrien nach Klopapier

Neben der Pfadpinderreise wird in letzter Zeit der Ferienaufenthalt auf dem Ponyhof - insbesondere für Mädchen - immer mehr zum Vermittler kindlicher Subkultur. Hier ein typischer Ponyhof-Hit. Ob die männliche Form wohl darauf hindeutet, dass sich hier die Mädchen über die Jungs lustig machen? ...

Vierundzwanzig Bauernmädchen

Vier - und - zwan - zig Bau - ern - mäd - chen su - chen sich ein'n Mann. Hey!

Vier - und - zwan - zig Bau - ern - mäd - chen su - chen sich ein'n Mann. Hey! Da

steht sie ja und hat kein'n Mann und är - gert sich zu To - de. Das

nächs - te Mal pass bes - ser auf. Du al - te Schieß - ka - no - ne!

Vierundzwanzig Bauernmädchen

Kreisspiel: Eine ungerade Anzahl von Kindern geht im Kreis. Beim zweiten Hey! suchen sich alle einen Partner. Wer ohne Partner ausgeht, bekommt zu hören, Da steht, sie ja... Dann beginnt das Spiel von neuem.

Die Kinder, die uns dieses Lied 1938 in Bramfeld vorsangen, hatten leider noch keine Version für etwaige arme Männer, die ohne Frau ausgegangen waren.

Vor einer Apotheke

Vor ei - ner A - po - the - ke und ei - ner Dro - ge - rie, da stand die lie - be U - te, ge - pu - dert wie noch nie. Sie

war - tet auf den Ab - schieds - kuss, den sie von Ot - to krie - gen muss. Denn

Ot - to hat ge - schrie - ben, ich lie - be dich so sehr, ich lie - be kei - ne an - dre als

dich, mein Schatz, komm her.   Es steht ge - schrie - ben,   dass sie sich

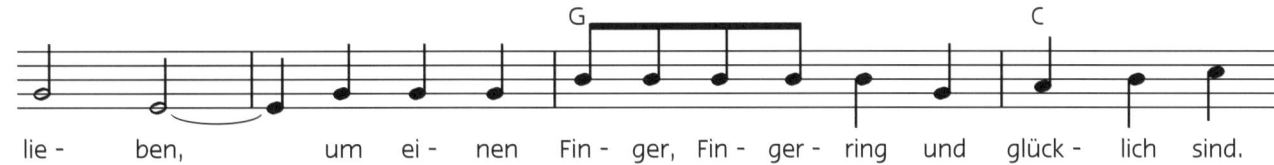

lie - ben, um ei - nen Fin - ger, Fin - ger - ring und glück - lich sind.

Vor einer Apotheke

Klatschspiel: Zwei Kinder stehen sich gegenüber und klatschen im Rhythmus des Liedes abwechselnd in die eigenen und gegen die Hände des Spielpartners. Natürlich setzen die Kinder hier wieder die wirklichen Namen der Mitspieler ein. So geschehen und gesehen in Uhlenhorst, 1988

Kinder in Bramfeld sangen 1988:
Auf dem Berliner Bahnhof, erste
Galerie,
da steht die liebe Sherley, gepudert wie noch nie.
Sie wartet auf den Abschiedskuss,
den sie von Michl haben muss.
Michl hat geschrieben: Ich liebe
dich so sehr,
ich liebe keine andre als du, mein
Schatz, komm her!
Sie schrieben lange Briefe von
Hamburg bis nach Köln
und eines Tages hieß es: Ich liebe
dich nicht mehr.
Ich liebe eine andre, die schöner
ist als du
und das ist die Svenja, die ausgestopfte Kuh, muh, muh.

Die Svenja saß am Fenster und
knackte eine Nuss,
da kam der liebe Michl und gab ihr
einen Kuss.

Bevor kurz nach der Jahrhundertwende der Hauptbahnhof erbaut
wurde, endete der Zugverkehr in
Hamburg in vier Kopfbahnhöfen.
Einer davon war der Berliner
Bahnhof, von dem die Kinder hier
singen. Er lag in der Nähe der
Straße Klostertor und war einer
der Endpunkte der 1846 eröffne-
ten Strecke Hamburg-Berlin. In
Berlin endete die Strecke im
Hamburger Bahnhof, in dem
heute Ausstellungen stattfinden.

In Altona sangen die Kinder 1988 auch von einem Bahnhof, doch
dieser wird nicht näher bezeichnet.
Auf einem kleinen Bahnhof, da stand ne Galerie,
da stand die kleine Astrid gepudert wie noch nie.
Sie wartet auf den Abschiedskuss,
den sie von Stefan haben muss.
Denn Stefan hat geschrieben:
ich liebe dich nicht mehr,
ich liebe eine andre, die schöner ist als du,
nämlich die Annette, die ausgestopfte Kuh.
Annette saß am Fenster und knackte eine Nuss,
da kam der liebe Stefan und gab ihr einen Kuss, zum Schluss.
Es steht geschrieben, dass sie sich lieben,
um einen Finger - Fingerring und glücklich sind.

Wenn die Sirenen Hamburgs ertönen

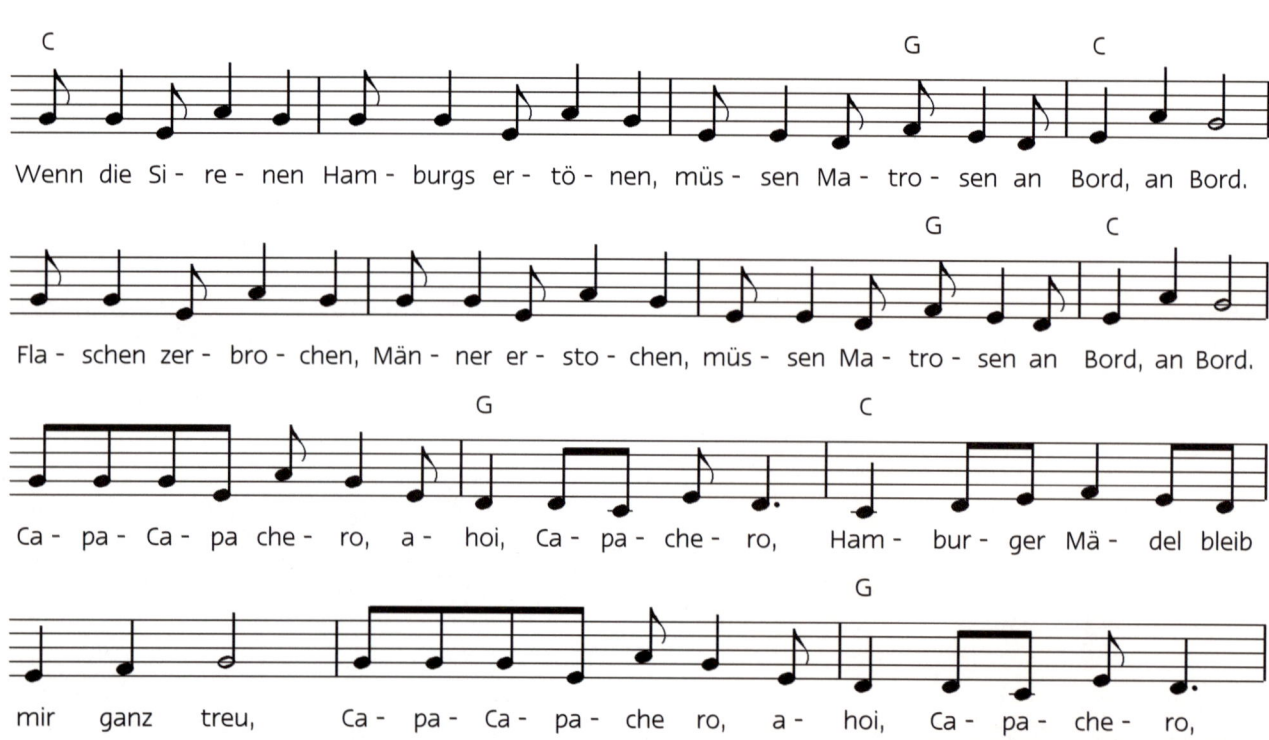

Wenn die Si - re - nen Ham - burgs er - tö - nen, müs - sen Ma - tro - sen an Bord, an Bord.

Fla - schen zer - bro - chen, Män - ner er - sto - chen, müs - sen Ma - tro - sen an Bord, an Bord.

Ca - pa - Ca - pa che - ro, a - hoi, Ca - pa - che - ro, Ham - bur - ger Mä - del bleib

mir ganz treu, Ca - pa - Ca - pa - che ro, a - hoi, Ca - pa - che - ro,

172/173

C   G

Ham - bur - ger Mä - del bleib mir ganz treu, a - hoi, a - hoi, a - hoi!

Wenn die Sirenen Hamburgs ertönen

Klatschspiel: Zwei Kinder stehen sich gegenüber und klatschen in die eigenen Hände, dann mit der rechten Hand gegen die rechte, dann mit der linken gegen die linke des Spielpartners. Dieser gleichmäßige Rhythmus wird in jedem vierten Takt unterbrochen durch Klatschen in die eigenen Hände und zweifaches Klatschen mit beiden Händen gegen die Hände des Gegenüber. Bei *ahoi, ahoi, ahoi* wird im Wechsel zuerst in die eigenen und dann gegen die Hände des Partners geklatscht. Diese komplizierte Folge haben wir 1988 Kindern in Bramfeld abgekuckt.

Ein Lied, das geschickt alle Klischees des Matrosenliedes verarbeitet, bis hin zu den notwendigen fremdsprachigen Einsprengseln, in diesem Fall nicht englischen, sondern spanischen. *Capa-Capachero, ahoi, capachero* bezieht sich auf die südamerikanischen Hafenarbeiter, die in *capachos* (Körben) das Obst auf die Frachter verluden, die *capacheros*.

Wenn hier en Pott mit Bohnen steiht

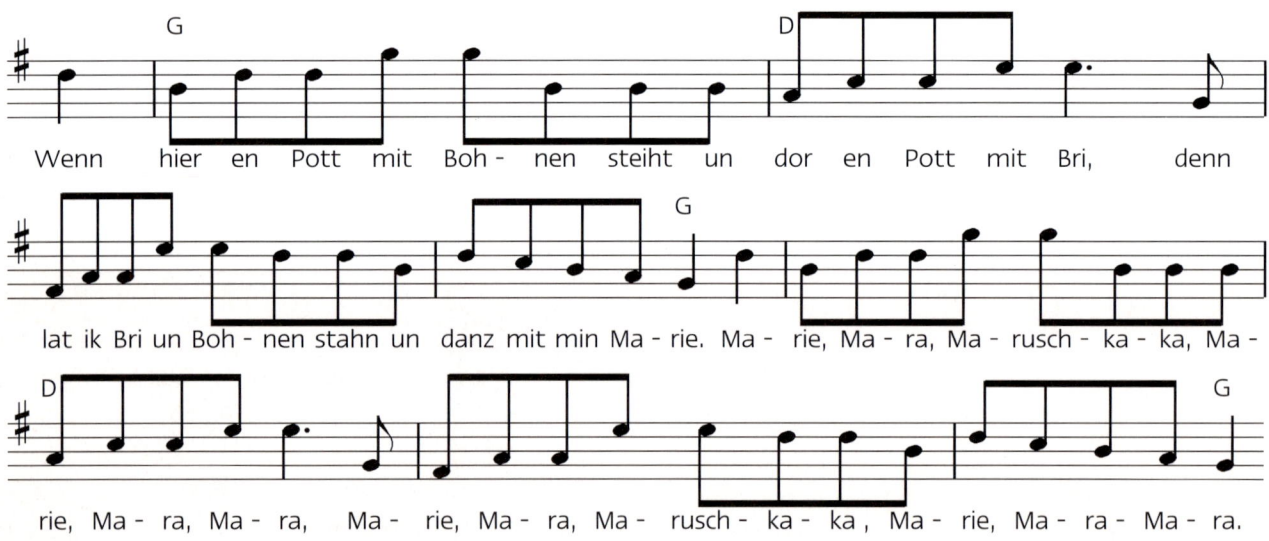

Wenn hier en Pott mit Boh - nen steiht un dor en Pott mit Bri, denn

lat ik Bri un Boh - nen stahn un danz mit min Ma - rie. Ma - rie, Ma - ra, Ma - rusch - ka - ka, Ma -

rie, Ma - ra, Ma - ra, Ma - rie, Ma - ra, Ma - rusch - ka - ka , Ma - rie, Ma - ra - Ma - ra.

2. Und wenn Marie nich danzen kann un hett se scheebe Been,
denn trekt wi er en Slaprock an, denn is dat nich to sehn.

Wenn hier en Pott mit Bohnen steiht

Kreis-, Klatsch- und Darstellungsspiel: Die Maries und ihre Kerls stehen jeweils paarweise im Kreis. Skeptisch deuten sie während des Singens nach links zu dem Topf mit Bohnen und nach rechts zu dem Topf mit Brei, um auf *denn lat ik* gestisch ihre Ablehnung klarzumachen. Statt dessen nämlich haken sie sich bei *un danz mit min Marie* mit dem rechten Arm ein und tanzen, von einem Bein aufs andere hüpfend, einmal im Kreis, bis sie wieder an ihrem Platz stehen. Bei *Marie, Mara* klatschen die Kinder abwechselnd in die eigenen und gegen die Hände des Partners. Bei *un wenn Marie nich danzen kann* stemmen alle ihre Arme in die Hüfte, bei *denn hett se scheebe Been* machen die Kinder X-Beine und den langen Rock, der alle Probleme löst, deuten die herunterreichenden Hände an.
Amelie, 7, Volksdorf, 1999.

Wenn hier en Pott mit Bohnen steiht existiert in vielen Versionen. Gustav Kneip notiert eine von vor 1883 aus Alkersum auf Föhr, weitere Versionen finden sich bei Paul Wriede und im *Hamburger Musikant*. Folgende Version finden wir bei Fritz Jöde und Heinrich Schumann, dem Musiklehrer des Herausgebers am Matthias-Claudius-Gymnasium, im Liederbuch *Uns plattdütsch Singbook*.

2. Wenn Marie nich danzen will, denn weet ick, wat ick do,
denn stopp ick ehr in'n Haversack und binn em baven to.

3. Un wenn se denn noch bidden deit: Och, leewe Mann, maak op!
Denn binn ick em noch faster to un sett mi baven rop.

Mit anderer Melodie taucht dieser Text hochdeutsch in *Kleiner Schelm bist du* auf.

Kleiner Schelm bist du,
weisst du was ich tu?
Steck dich in den Hafersack
und bind ihn oben zu!

Wenn du dann noch schreist,
bitte lass mich raus,
bind ich ihn noch fester zu
und setz mich oben drauf!

Kreisspiel: Die Kinder gehen im Kreis und stellen gestisch dar, wie drastisch mit diesem Schelm verfahren wurde.

Wenn ich vorm Spiegel steh

Wenn ich vorm Spie- gel steh und mei- ne Lo- cken dreh, oh, Gott, be-
wah- re, die lan- gen Haa- re. Ich reiß sie ein- zeln aus und mach 'ne
Bürs- te draus, die Bürst ver- kauf ich, das Geld ver- sauf ich. Wenn
das die Mut- ti wüsst, dass du den U- we küsst, dann gibt es

Hau - e und: Marsch ins Bett! Ja, ja, das tut sie gern, sie küsst den

U - we gern, das ist ihr A - bend - stern und bald ihr Mann, bim bam.

Wenn ich vorm Spiegel steh ist ein Klatschspiel: Zwei Kinder stehen sich gegenüber und klatschen im Rhythmus des Liedes in die eigenen Hände und gegen die Hände des Spielpartners. Uhlenhorst, 1988

Mein Mann ist kreideweiß, hat krumme Beene
und einen Hängebauch wie Tante Lene.
Wenn das die Mutti wüsst, dass du den Stefan küsst,
bekommst 'n Hinternvoll und kommst ins Bett.
Nein, nein, das tu ich nicht, den Stefan küss ich nicht,
der ist schon längst zu Haus und ohne mich.
Altona, 1988

Folgender Text mit Eilbeker Lokalkolorit benutzt nur die ersten vier Takte der Melodie:
Und an der Finkenau, da war der Himmel blau,
da kam die Straßenbahn aus St. Pauli angefahrn.
Da stand 'n lütter Mann, der hängt sich hinten dran,
da kuckt der Schaffner raus und schimpft den Lütten aus.
Da sagt der lütte Mann, das geht mich gar nix an,
wenn ich nicht laufen kann, häng ich mich hinten dran.
Und wolln sie sonst noch was, da komm ich schnell in Brass,
denn ich bin ja nicht dumm und schmeiß die Kiste um.
Uhlenhorst, 1988

Wenn im Dorf die Bratkartoffeln blühn

Wir ha'm zu Haus 'n Klei-der-schrank, du-del-di-del-dum, da fehlt die hal-be Sei-ten-wand,

du-del-di-del-dum. Die Tü-re, die ist auch nicht da, du-del-di-del-dum, da

stehn die Bein al-lei-ne da, du-del-di-del-dum. Ja, wenn im Dorf die

Brat-kar-tof-feln blühn, ist al-les in But-ter, der Va-ter küsst die Mut-ter. Ja,

wenn im Dorf die Brat - kar - tof - feln blühn, wird al - les wie - der gut und schön.

Wenn wir fahrn, fahrn, fahrn

Wenn wir fahrn, fahrn, fahrn mit der Bahn, Bahn, Bahn in das schö - ne Land Ti - ro - o - o - o - ol. Al - le

Af - fen, die da gaf - fen, ma - chen sit - da - da, al le Schwei - ne an der Lei - ne ma - chen bäh.

Wenn wir fahrn, fahrn, fahrn

Amelie und Valentina v. Volkscron haben uns 1999 dieses

Klatschspiel gelernt: Zwei Kinder stehen sich gegenüber und
klatschen in die eigenen Hände, dann mit der rechten Hand
gegen die rechte des Spielpartners, dann mit der linken gegen
die linke. Bei *fahrn, fahrn, fahrn* und bei *Bonn, Bonn, Bonn*
sowie bei *nach* klatschen sich die Kinder mit beiden Armen
seitlich an den Körper.

Wer die Gans gestohlen hat

Wer die Gans ge-stoh-len hat, der ist ein Dieb, der ist ein Dieb, und

wer sie mir dann wie-der-bringt, den hab ich lieb. Da steht der Gän-se-dieb,

den hat kein Mensch mehr lieb.

Schluss:

Wir wün-schen Glück zu dei-nem neu-en

Or-den, dass du bist ein Gän-se-dieb ge-wor-den. Viel Glück, Meis-ter Gän-se-dieb!

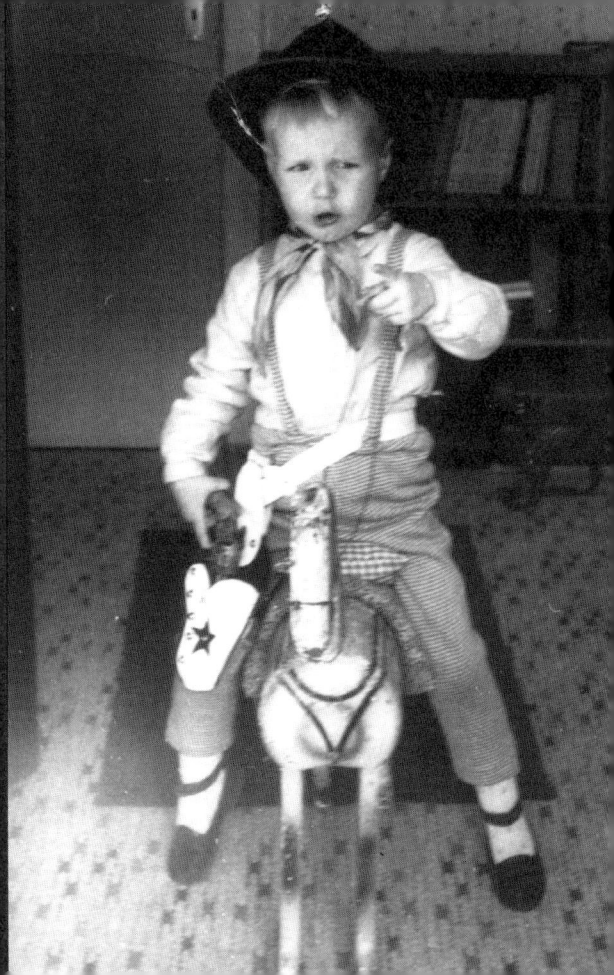

Wer die Gans gestohlen hat

Kreisspiel: Eine ungerade Anzahl von Kindern geht im Kreis, der *Gänsedieb* steht in der Mitte. Bei *den hab ich lieb* sucht sich jedes Kind einen Partner. Wer übrig bleibt, ist der neue Gänsedieb. Jetzt heißt es: *Da steht der Gänsedieb.* Er kommt in die Mitte des Kreises und jetzt folgt: *Wir wünschen Glück zu deinem neuen Orden.* Dann beginnt das Spiel von neuem.

Willst'n Nachtmütz hebbn

Willst 'n Nacht - mütz hebbn, kannst mi man seggn, ik heff noch een, de kannst de hebb'n.

Willst'n Nachtmütz hebbn

Kreisspiel: Die Kinder gehen im Kreis, ein Kind mit Nachtmütze. Am
Ende des Liedes sucht sich dieses Kind ein neues, das im nächsten
Durchgang die Nachtmütze tragen muß.
Von Ingeborg Bauer, 73, in ihrer Kindheit in Altona gespielt.

Willst'n Nachtmütz hebbn wurde um 1934 in der Schule auf den
Bürgerstraße, heute Kleine Bergstraße, in Altona gesungen und
gespielt. Das Foto wurde 1934 aufgenommen bei einem Schulfest
auf dem Sportplatz an der Allee, heute Max-Brauer-Allee.
Bedenkt man, dass dreißig Prozent der Körperwärme über den Kopf
abgegeben werden, dass früher, ohne Zentralheizung, das Heizen für
viele zu teuer oder zu umständlich war und dass Fenster und Türen in
der Regel weit schlechter isoliert waren als heute und als in den Räu-

men, als vielleicht zog, so erhellt, was für eine nützliche Erfindung die
Nacht- oder Schlafmütze war. Wehe jedoch demjenigen, der es sich
angewöhnt, in der Hast der morgendlichen Verrichtungen vergaß,
das gute Stück abzulegen. Ihm galt der ganze Spott seiner Mitmen-
schen. Und wer im 19. Jahrhundert, die Karikaturisten dem deutschen Michel eine Schlafmütze verpassten, so war die sarkastische
Botschaft deutlich: Hier hatte ein Land die großen Revolutionen
schlicht verschlafen.

Vielleicht kommt es daher, dass der kultivierte deutsche Schläfer
seine Nachtmütze heute lieber, gewissermaßen ganz ihn verdächtig,
als Importartikel aus Ländern bezieht, passend zum gestrickten Grand-
pa-Nachthemd.

Wir fahren heut nach Holland

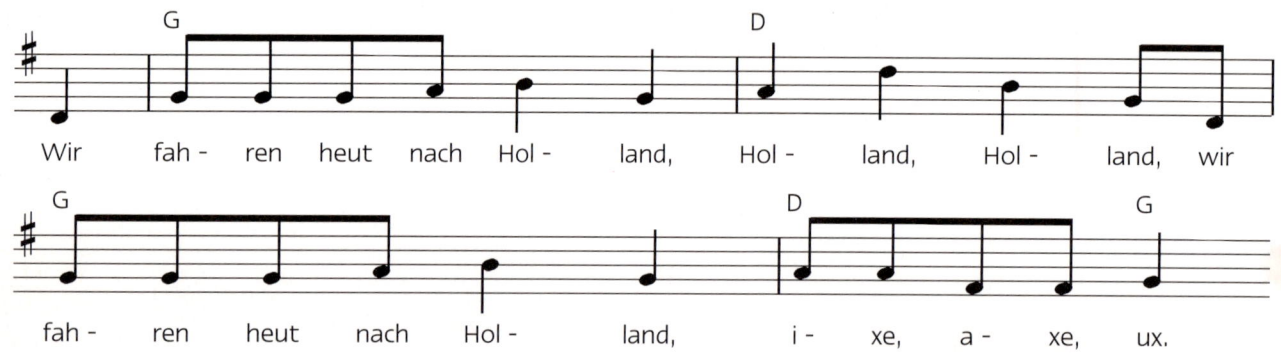

Wir fah - ren heut nach Hol - land, Hol - land, Hol - land, wir

fah - ren heut nach Hol - land, i - xe, a - xe, ux.

2. Was wollt ihr denn in Holland, Holland, Holland...

3. Meine Tante hat geschrieben...

4. Was hat sie denn geschrieben...

5. Meine Tante kriegt ein Baby...

6. Wie soll das Baby heißen...

7. Maika soll es heißen...

8. Maika aber kriegt ihr nicht...

9. Dann holen wir die Polizei...

10. Die Polizei ist unser Freund...

11. Dann holen wir die Feuerwehr...

12. Die Feuerwehr hat kein Wasser mehr...

13. Dann pumpen wir die Elbe leer...

14. Die Elbe, die ist zugefrorn...

15. Dann bohren wir ein Loch hinein...

16. Dann stellen wir ein'n Schneemann drauf...

17. Dann saufen wir die Pfützen leer...

18. Dann seid ihr ein paar Schweine...

19. Dann geben wir die Maika her...

Wir fahren heut nach Holland

Alexander (13) aus Bramfeld beschreibt 1988 dieses **Frage- und Antwortspiel** so:

Eine Gruppe von Kindern steht, an den Händen gefasst, in einer Reihe und verkündet: *Wir fahren heut nach Holland.* Eine zweite Kinderreihe geht streng auf sie zu und wieder zurück und fragt dabei *Was wollt ihr denn in Holland?* Trotzig laufen die Ersten auf sie zu und singen die Antwort - und so geht das Wechselspiel bis zum Schluss des Liedes. *Wir fahren heut nach Holland* wurde in dieser Form 1988 von Kindern aus Bramfeld gesungen. In Wilhelm Lehnhoffs Sammlung findet sich eine Version dieses Liedes, mit anderer Melodie.

Dort heißt es: *Es kamen zwei Herren aus Londave, Pontius, mein Schneiderlein, Es kamen zwei Herren aus Londave, Pontius, ode. Was wollen die Herren aus Londave.*. Bei Fritz Jöde heißt es: *Es kam ein Herr aus Senevi, salwi salwi donavi*, bei Hans Magnus Enzensberger: *Es kam ein Herr aus Ninive, juchheißa, vivilate*, bei Ingeborg Weber-Kellermann: *Es kam ein Mann aus Ninive, Ninive, Kaiser Pipilatus.*. Das Spiel wird bereits von Liselotte von der Pfalz (1652 - 1722), die durch ihre originellen Schilderungen des Lebens am französischen Hof bekannt wurde, in ihren Briefen erwähnt.

Wir gründen ein'n Idiotenclub

Beim Idiotenclub handelt es sich um eine Parodie auf die vielen Vereinslieder, die sich besonders im 19. Jahrhundert großer Beliebtheit erfreuten. So gab es nicht nur einzelne Lieder, sondern ganze Liederbücher der Angler-, Alpen-, Jungfrauen-, Jünglings-, Karnevals-, Schützen-, Radfahrer-, Vereine. Das typische Vereinslied begann etwa so: Weil die Herzen, hoch die Becher, stoßet an auf unsern Bund! Lasst als wackre - siehe oben - sie uns leeren bis zum Grund. Damit bei all dieser Trinkfreude die Liederbücher nicht baden gingen, waren sie am rückseitigen Deckel mit Biernägeln versehen, kleinen Abstandshaltern, die die Bücher über den Bierlachen schweben ließen.
Die gewitzte Parodie sang Nicolai 9. 1983 in Uhlenhorst.

Wir gründen ein'n Idiotenclub

Wir grün - den ein'n I - dio - ten - club, der Vor - stand wird sich freun, bei uns ist je - der gern ge - sehn, nur blö - de muss er sein. Bei uns heißt die Pa - ro - le: Bleib blöd bis in den Tod. Und wer von uns der Döfs - te ist, ist O - ber - i - di - ot. wir sind vom Ka - ka - ka - ka - nin - chen - ver - ein, von der Te - te - te - le - gra - fen - ba - tail - lon, von der Flie - ger, Fah - rer, Fun - ker, Pan - zer,

Ap - fel - di - vi - sion. Der Leh - rer in der Schu - le, der bringt den Kin - dern bei, dass

A - dam und E - va aus ei - ner Rip - pe sei. Da - rauf meld't sich das Fritz - chen: Herr

Leh - rer, au, au, au, mir tut die lin - ke Rip - pe weh, ich glaub ich krieg ne Frau.

Wir haben eine Ziehharmonika

Wir ha - ben ei - ne Zieh - har - mo - ni - ka, ei - ne Tsching - de - ras - sa tsching - de - ras - sa -

bum - bum - bum. Sie spielt uns im - mer wie - der die

al - ler - schöns - ten Lie - der. Wir ha - ben ei - ne Zieh - har -

mo - ni - ka, ei - ne Tsching - de - ras - sa tsching - de - ras - sa - bum - bum - bum.

Wir haben eine Ziehharmonika

Kreisspiel: Bei *wir haben eine Ziehharmonika* gehen die Kinder angefasst zur Kreismitte und wieder zurück und imitieren damit die Bewegung des Balges der Zieh-Harmonika. Bei *tschingderassa* klatschen die Kinder in die Hände, bei *bum bum* stampfen sie mit den Füßen. Bei *sie spielt uns immer wieder* gehen die Kinder im Kreis. Amelie, 7. Volksdorf, 1999

Aufgrund der großen Beliebtheit der Ziehharmonika bis in die 50-er Jahre ist es nicht verwunderlich, dass sie im Kinderlied besungen wird, wie in vielen anderen Liedern auch *ja, wenn das Schifferklavier an Bord erklingt...* Neben Schifferklavier heißt die Ziehharmonika im Volksmund auch Quetschkommode, Treckbudel, Steirische, Schwyzer-Örgli...

All die Lieder und Gedichte, die von der Ziehharmonika handeln, vermitteln den Eindruck, als gebe es dieses klassische Instrument der Volksmusik schon immer. Dabei wurde sie erst 1822 von Christian Buschmann entwickelt. Wie bei der Mundharmonika, die auch von Buschmann erfunden wurde, wird der Ton mit Hilfe von freischwingenden Zungen aus Uhrfederstahl erzeugt. In dem Luftstrom, den Atemluft oder Balg erzeugen, schwingt die elastische Metallzunge und es entsteht der typische Harmonika-Ton. Wiederum wie bei der Mundharmonika erklingt bei allen Zieh-Harmonikas auf Druck oder Zug des Balges ein unterschiedlicher Ton. Erst in der Mitte des 19. Jahrhunderts entwickelte man Instrumente, bei denen auf Druck und Zug der gleiche Ton erklingt. Ein solches Instrument nennt man Akkordeon. Akkordeons haben auf der Seite, die von der rechten Hand gespielt wird, Knöpfe oder Klaviertasten. Zieh-Harmonikas gibt es nur mit Knöpfen. Die regional unterschiedlichen Klänge der Instrumente ergeben sich durch deren Feinabstimmung. Fast immer erklingen mehrere Stimmzungen der gleichen Tonhöhe zur selben Zeit, um den Klang voller zu machen. Sind die Stimmzungen auf die gleiche Tonhöhe gestimmt, ergibt sich ein trauriger, hoher Klang wie er in Irland beliebt ist; sind die Stimmzungen leicht gegeneinander verstimmt, erklingt ein *tremolo italiano*. Das typische Schifferklavier ist ein bisschen stärker verstimmt, während der typisch französische Musette-Klang durch eine starke Verstimmung der Stimmzungen untereinander entsteht.

Wir haben Hunger

Wir ha – ben Hun – ger, Hun – ger, Hun – ger, ha – ben Hun – ger, Hun – ger, Hun – ger, ha – ben

Hun – ger, Hun – ger, Hun – ger ha – ben Durst!

2. Wo bleibt der Käse, Käse, Käse, bleibt der Käse, Käse, Käse,
bleibt der Käse, Käse. Käse, bleibt die Wurst?

Wir haben Hunger

Wenn Kinder Kohldampf schieben, dann bringt das sogar diejenigen zum Singen, die sich sonst der Sangeskunst enthalten (sollten).

Wir treten auf die Kette

Wir tre - ten auf die Ket - te, dass die Ket - te klingt. Wir ha - ben ei - nen Vo - gel, der so herr - lich singt. Er

singt so klar wie ein Star, hat ge - sun - gen sie - ben Jahr. Sie - ben Jahr sind um, und An - ne dreht sich um.

Wir treten auf die Kette

In Eilbek haben wir 1988 beobachtet, wie die Kinder zu diesem Lied ein Kreisspiel spielten: Die Kinder gehen angefasst im Kreis, mit dem Gesicht zur Kreismitte. Am Schluss jeder Strophe wird ein Kind aufgerufen, das sich umdreht. Das Spiel geht so lange weiter, bis alle Kinder mit dem Gesicht nach außen gehen.

Wollt ihr wissen, wie der Bauer

Wollt ihr wis-sen, wie der Bau-er sei-nen Rog-gen aus-sät? Se-het
so, so sät der Bau-er, se-het so, so sät der Bau-er sei-nen Rog-gen aufs Feld.

2. Wollt ihr wissen, wie der Bauer seinen Roggen abmäht...

3. Wollt ihr wissen, wie der Bauer seinen Roggen einfährt...

4. Wollt ihr wissen, wie der Bauer seinen Roggen ausdrischt...

5. Wollt ihr wissen, wie der Bauer sein Mehl mahlen kann...

6. Wollt ihr wissen, wie der Bauer nach der Ernte sich freut...

Wollt ihr wissen, wie der Bauer

Kreis- und Darstellungsspiel: Hier müssen die Kinder zeigen, was eine Harke ist. Das Lied basiert darauf, dass im Antwortteil die entsprechenden landwirtschaftlichen Arbeiten gestisch dargestellt werden. Im Frageteil gehen die Kinder angefasst im Kreis. So zeigten es uns Amelie und Hannah, 7, aus Volksdorf.

In Kindergärten wird dieses Lied noch immer gesungen und gespielt – offensichtlich gibt ein Mähdrescher pantomimisch nicht viel her. Freilich mag solche Übung den Kindern verstehen helfen, was in dieser großen, undurchschaubaren Maschine vor sich geht. Übrigens gehen ja auch die Theatergeräusche etwa für Zug, Telefon oder Schreibmaschine von Modellen aus, die heute längst nicht in Gebrauch sind. Es scheint seine Zeit zu brauchen, bis die Technik ihre sinnfälligen Übersetzungen in der Nachahmung findet...

Wollt ihr wissen, wie die kleinen Mädchen machen?

Wollt ihr wis - sen, wollt ihr wis - sen, wie die klei - nen Mäd - chen ma - chen? Püpp - chen wie - gen, Püpp - chen wie - gen, al - les dreht sich he - rum.

2. Wollt ihr wissen, wie die jungen Damen machen? Knickse machen...
3. Wollt ihr wissen, wie die alten Damen machen? Strümpfe stricken...

Wollt ihr wissen, wie die kleinen Mädchen machen?

Zehntausend Männer

Zehn - tau - send Män - ner, die zo - gen ins Ma - nö - ver,

zehn - tau - send Män - ner, die zo - gen ins Ma - nö - ver.

2. Bei einem Bauern, da ließen sie sich nieder...

3. Der Bauer hatte 'ne wunderschöne Tochter...

4. Wie soll sie heißen, die wunderschöne Tochter...

5. Birte soll sie heißen, die wunderschöne Tochter...

6. Wer soll sie haben, die wunderschöne Tochter...

7. Olli soll sie haben, die wunderschöne Tochter...

8. Olli aber will sie nicht, die wunderschöne Tochter...

9. Da weint die Birte kartoffeldicke Tränen...

10. Da sagt der Olli, dann wolln wir sie mal nehmen...

11. Da sprang die Birte vor Freude an die Decke...

12. Als sie wieder runterkam, da hat sie blaue Flecke...

13. Und bei der Hochzeit, da hatte sie 'ne Beule...

Bramfeld, 1988

2. Bei einem Bauern, da ließen sie sich nieder...

3. Und dieser Bauer, der hatte eine Tochter...

4. Wie soll sie heißen, die wunderschöne Tochter...

5. Bärbel soll sie heißen, die wunderschöne Tochter...

6. Wer soll sie haben, die wunderschöne Tochter...

7. Peter soll sie haben, die wunderschöne Tochter...

8. Peter aber will sie nicht, die wunderschöne Tochter...

9. Da weinte Bärbel kartoffeldicke Tränen...

10. Da sagte Peter, dann wolln wir sie mal nehmen...

11. Da sprang die Bärbel vor Freude an die Decke...

12. Nach ein paar Tagen, da kam sie wieder runter...

13. Mit 'nem blauen Auge erschien sie bei der Hochzeit...

Uhlenhorst, 1988

Zehntausend Männer

Die Kinder stellen sich nebeneinander in einer Reihe auf, singend gehen sie dann vor und wieder zurück. Die Namen des etwas schwierigen Hochzeitspaares zu wählen, gibt den Kindern Gelegenheit zu gegenseitigem Spott.

Bei der Vielzahl von Soldatenliedern, die früher gesungen wurden, ist es nicht verwunderlich, dass Anklänge daran auch im Kinderlied auftauchen. Dass Bute oder Bärbel hier gönnerhaft von ihrem Vater vergeben wird, ist exemplarisch für eine historische Tradition, in der Mädchen und Frauen keinerlei persönliche Rechte hatten und gewissermaßen als das Besitztum ihrer Väter oder Ehemänner galten. Volkslieder sind oft interessante Belege für allgemeine Vorstellungen und Werturteile (vgl. z. B. *Ein Schneider fing ne Maus*). So ist es sicherlich auch Ausdruck eines großen gesellschaftlichen Wandels, wenn in heutigen Kinderliedern offensichtlich auch ganz selbstbewusste und eigensinnige Frauen und Mädchen vorkommen wie in *Ein paar rote Ringelsöckchen*.

Zeigt her eure Füße

Zeigt her eu - re Fü - ße, zeigt her eu - re Schuh und se - het den flei - ßi - gen

Wasch - frau - en zu. Sie wa - schen, sie wa - schen, sie wasch'n den gan - zen Tag, sie

wa - schen, sie wa - schen, sie wasch'n den gan - zen Tag.

Zeigt her eure Füße
und Hinaus in die Ferne

Kreisspiel: Die Kinder gehen im Kreis und strecken abwechselnd den rechten und den linken Fuß vor. Im zweiten Teil des Liedes werden die Tätigkeiten Waschen, Auswringen und Platten dargestellt.

Die Darstellung der Tätigkeiten der Waschfrauen vergangener Tage hat mit der realen Erlebniswelt heutiger Tage sowenig zu tun wie die zu dem Lied Wollt ihr wissen, wie der Bauer. Dennoch ist das Lied sehr beliebt, was man als Beleg dafür ansehen mag, dass die von einigen pädagogischen Strömungen beschworene Notwendigkeit einer Übereinstimmung zwischen Märchen, Spielzeug, Spielen und Liedern für die Kinder und deren konkreter Umgebung von ihnen selbst jedenfalls nicht unbedingt gesehen wird. Das Lied entlehnt einen Teil seiner Melodie dem früher sehr beliebten Freiheitslied *Hinaus in die Ferne* von Albert Methfessel (1785-1869). Methfessel schrieb dieses Lied 1813. Bei ihm heißt es:
Hinaus in die Ferne mit lautem Hörnerklang!
Die Stimme erhebet zum männlichen Gesang!
Der Freiheit Hauch weht kräftig durch die Welt,
ein freies, frohes Leben uns wohlgefällt.

1822 wurde Methfessel Musikdirektor in Hamburg. Die Methfessel-straße in Eimsbüttel erinnert an ihn. Die kindliche Umdichtung *Hinaus in die Ferne* mit Butterbrot und Speck stammt aus der Zeit, als ein Butterbrot mit Speck und Senf noch nicht als Sünde gegen die schlanke Linie galt, sondern Inbegriff eines guten, kräftigen Frühstücks war, das sich durchaus nicht jeder leisten konnte. Diesen Text hat uns Ulla Steinmann, 49, aus Rahlstedt überliefert. Sie erzählte, dass sie das Lied in dieser Form 1955 von einem ostpreußischem Flüchtlingskind gelernt habe.

Hinaus in die Ferne

Hi - naus in die Fer - ne mit But - ter - brot und Speck, das
es - sen wir so ger - ne, das nimmt uns kei - ner weg. Und wer das tut, den
haun wir auf die Schnut, den haun wir auf die Na - se, dass sie blut.

Zigaretten und Zigarren sind verboten

Zi - ga - ret - ten und Zi - gar - ren sind ver - bo - ten, denn die Jungs sind die I - di - o - ten. Da - rum

nennt man sie die Kna - ben, weil sie ei - nen Vo - gel ha - ben. Ja, so

ist es, ja, so bleibt es, aus den Jungs wird nichts Ge - schei - tes.

2. Zigaretten und Zigarren sind erlaubt, denn die Mädchen wischen Staub.
Darum nennt man sie die Ladies, weil sie tanzen wie die Babies.
Ja, so ist es, ja, so bleibt es, aus den Jungs wird nichts Gescheites.

Zigaretten und Zigarren sind verboten

Klatschspiel: Zwei Kinder stehen sich gegenüber. Im Rhythmus des Liedes klatschen die Kinder, bzw. es sind in die eigenen Hände und gegen die Hände des Spielpartners.

Zigaretten und Zigarren sind verboten war der Grundstein der vorliegenden Sammlung. 1983 wurde es vom Herausgeber aufgezeichnet, als Julia, Lisa und Anne B. aus Elbek dieses Lied vor ihrem Flötenunterricht sangen und spielten. Dem Lied liegen zwei wesentliche kindliche Erfahrungen zugrunde, nämlich das strikte elterliche Verbot jeglicher Tabakwaren und dass das jeweils andere Geschlecht in seiner kindlichen Form generell blöd ist.

Umdichtungen

Weihnachtslieder sind beliebte Opfer kindlicher Umdichtungen.
Hier einige Beispiele:

Leise rieselt die Vier auf das Zeugnispapier.
Fünfen und Sechsen dazu, freue dich, sitzen bleibst du.
Kommst du dann endlich nach Haus, schimpft die Mutter dich aus.
Hör nur, wie lieblich es schallt, wenn Papas Ohrfeige knallt.

Leise rieselt der Schnee, das Christkind fährt im VW.
Plötzlich, da hat es gekracht, da hat es einen Unfall gemacht.

Oh, Tannenbaum, oh, Tannenbaum, der Opa liegt im Kofferraum.
Die Oma schlägt die Klappe zu, der Opa ruft: Du alte Kuh...

Kling, Glöckchen, klingelingeling, kling, Glöckchen, kling.
Alle solln es wissen, Jungs, die sind beschissen,
Mädchen sind die Meister, Jungs die Hosenscheißer.
Kling, Glöckchen, klingelingeling, kling, Glöckchen, kling.
Macht mir auf das Fenster, draußen sind Gespenster,
drinnen sind die Geister, vollgeschmiert mit Kleister.

Mein Vater war ein Wandersmann und ging nicht gern zu Fuß.
Drum schafft er sich ein Moped an und fährt mit siebzig los.
Mit achtzig um die Ecke, mit neunzig gegen' Baum,
mit hundert auf den Friedhof, das war sein letzter Traum.
Altona, 1988

Der Originaltext stammt von Florian Sigismund, die Umdichtung
benutzt die Originalmelodie nur für die ersten zwei Zeilen. Ab *mit
achtzig um die Ecke* schweift sie dann ab in die Melodie von *Vor einer
Apotheke*.

Wir lagen am Maharadschi und hatten Asbest an Bord.
In den Sesseln, da ließen wir das Wasser, und täglich trieb einer von
uns Sport.

Lustig ist das Zigeunerschnitzel, Dalia Lavia, Ho.
Jeder Bissen ein Nervenkitzel, Dalia Lavia, Ho.

Die Beer Barrel Polka bekommt diesen Text:
Tante Hedwig, Tante Hedwig, die Nähmaschine geht nicht.
Der Faden ist gerissen, Tante Hedwig hat geschissen.

Michael, row the boat ashore, ein alter Spiritual:
Auf der Weide steht ne Kuh, Halleluja, macht ihr Arschloch auf und zu, Halleluja.
Auf der Weide steht ein Schwein, Halleluja, kuckt der Kuh ins Arschloch rein, Halleluja.
Sprach die Kuh: Du altes Schwein, Halleluja, kuck mir nicht ins Arschloch rein, Halleluja.

Happy Birthday to you, Marmelade im Schuh,
Aprikose in der Hose, Happy Birthday to you.
Happy Birthday to you, mach den Arsch auf und zu,
zieh die Hose rauf und runter, und Arschvoll noch dazu

Anita
Ich fand sie irgendwo, allein in Mexiko, Anita, so sang Costa Cordalis.
Hier wird die Handlung ins näher gelegene Itzehoe verlegt.

Er traf sie irgendwo, ich glaub in Itzehoe, der Stefan die Lisa.
Sie fuhren mit dem Bus, er gab ihr einen Kuss, der Stefan der Lisa.
Draußen war es heiß, drum aßen sie ein Eis, der Stefan und Lisa.
Sie liefen schnell nach Haus und zogen sich dann aus, der Stefan und Lisa.
Und in einem Jahr, das ist wohl allen klar, auch Stefan und Lisa.
da sind sie dann zu dritt, das ist das größte Glück, für Stefan und Lisa.

Alle Vögel sind schon da, alle Vögel alle.
Amsel, Drossel, Fink und Meise und die ganze Vogel...
gesprochen: Parademarsch, Parademarsch, der Hauptmann hat 'n Loch im... Alle Vögel sind...

O Baby, Baby, balla balla,
in deiner Hose steckt 'n Knaller.
Und wenn der Knaller explodiert,
dann kommt die Scheiße rausmarschiert.

Aus dem Titel *Schön war sie, die Prärie* aus den 50er Jahren, gesungen von Gus Backus wird bei den Kindern:
Schön war sie bis zum Knie
alles war voller Haar.
Da sprach der alte Häuptling der Indianer,
ich geh nach Karstadt und kauf mir nen Pyjama

Der Song *Get down* der Back Street Boys, einer der beliebtesten Boygroups der 90er Jahre, klingt bei den Kindern so:
Get down, get down, die Back Street Boys sind Fraun,
man sollte sie verhaun.
Hey, Baby, lass das sein, du bist ein altes Schwein, sonst werd ich noch gemein.

In einer kleinen Konditorei, da saßen wir zwei und aßen zu drein.
Und als der Kellner kam zum Kassiern, da waren wir vier schon längst aus der Tür,
put, put, put, put.
Auf einer endlos langen Chaussee bei Kält, Eis und Schnee stand ein kleiner DKW,
put, put, put, put.
Er hatte Panne Panne, Motor war defekt und Auspuff voll Dreck,
put, put , put, put.
Und der Besitzer von dem Ding fing an zu weinen um seinen kleinen DKW,
put, put, put, put.

Mr. Bombastic, alles aus Plastik

Von den blauen Bergen kommen wir, unser Lehrer ist genauso doof wie wir.

Mit der Brille auf der Nase sieht er aus wie Osterhase, von den blauen Bergen kommen wir.

Singing ai yai yippiyippiyeh, singing ai yai yippiyippiyeh, singing ai yai yippiyippi ai yai yippiyippi yeh.

...mit der braunen Lederjacke sieht er aus wie'n Haufen Kacke...

...mit den Rollschuhn untern Füßen saust er ab zu seiner Süßen...

...kann nicht lesen, kann nicht schreiben, muss er selber sitzen bleiben...

...in der Pause trinkt er Pepsi, in der Stunde ist er sexy...

Ich heiß Waldemar, weil aus im Wald geschah, hei die hei die hei do, die ganze Nacht

La Bamba
Oh, la la la bamba, Anne ist schwanger,
Christoph der Vater, was fürn Theater.
Gehn sie ins Kino, kucken Bimbambino,
gehn sie nach Hause, machen sie ne Pause.
Uhlenhorst, 1999

Ausmeelverse

Am Beginn vieler Spiele steht das Abmeelen oder Ausmeelen. Das Wort leitet sich vom *meele* aus dem Vers *Eele, meele, muh, raus bist du* ab. Es wird abgezählt, wer mit dem Spiel beginnen, wer der Fänger sein oder wer sonst eine bevorzugte Rolle im Spiel übernehmen darf - oder die überhaupt nicht begehrte Aufgabe übernehmen muss. Die Kinder stellen sich im Kreis auf. Eines von ihnen zählt mit jeder Silbe des Ausmeelverses sich und die anderen Kinder ab. Dasjenige, auf das zuletzt gezeigt wird, ist *raus*, scheidet also aus. Das Ausmeelen beginnt von neuem und mit jeder Runde reduziert sich der Kreis um ein Kind, bis feststeht, wer *dran* ist. Dadurch wird das Auswahlverfahren selbst schon zum spannenden Spiel. Ausmeelverse sind eine einfache Form der Volkspoesie, die sich jahrhundertelang mündlich überliefert hat.

Ix, ax, ux, der rote Fuchs, die blaue Maus, und du bist raus.
Volksdorf, 1999

Eene, mene, mopel, wer frisst Popel, süß und saftig, eine Mark und achtzig,
eine Mark und zehn und du mußt gehn.
Hannah, 7, Volksdorf, 1988

Hier ein Beispiel, wie die Kinder das Abmeelen auskosten, durch *dran bist du noch lange nicht* oder *fort bist du noch lange nicht* lässt sich das Abmeelen beliebig verlängern:
Eine kleine Mickymaus zog sich mal die Hosen aus,
zog sie wieder an, und du bist dran.
Dran bist du noch lange nicht, musst erst sagen, wie alt du bist.
Sieben. Eins, zwei, drei, vier, fünf, sechs, sieben.
Sieben ist kein Wort und du bist fort.
Fort bist du noch lange nicht, musst erst sagen, wen du liebst.
Martin.
Martin hat ins Bett geschissen, genau auf das Paradekissen,
die Mutter hats gesehn, und du musst gehn.
Altona, 1988

Catarina Polente/Valente hat'n Arsch wie ne Ente,
hat'n Maul wie ne Kuh, und raus bist du.
Uhlenhorst, 1988

Mickymaus ging ins Rathaus, Rathaus krachte, Mickymaus lachte,
Auto hupte, Mickymaus pupte, Ampel rot, Mickymaus tot.
Sema, 8, Barmbek 1999

Icke, acke, Bohne, knacke, icke, acke, bumm, weg.
Die Kinder stehen in einem Kreis. Jedes Kind hält seine beiden Fäuste
in die Kreismitte. Ein Kind schlägt der Reihe nach mit seiner Faust auf
die anderen Fäuste und zählt mit *Icke, acke...* die Fäuste ab. Bei *weg*
muss man seine Faust wegnehmen. Wer als letzter noch eine Faust
im Spiel hat, ist *dran*.
Laura, 12, Winterhude, 1999

Wer hat den schönsten Schuh, den schönsten Schuh hast du.
Die Kinder stehen im Kreis und stellen alle ihren rechten Fuß in die
Kreismitte. Einer zählt die Schuhe mit dem Vers ab. Auf wessen
Schuh bei *du* gezeigt wird, muss seinen Fuß zurücknehmen. Wer als
letzter übrigbleibt ist *dran*.
Freya, 7, Volksdorf, 1999

Aua, sagt der Bauer, die Äpfel, die sind so sauer,
die Birnen sind so süß und tschüs.

Spottverse

Spottverse werden anderen Kindern nachgerufen.

Selber, selber, lachen alle Kälber, lacht der ganze Hühnerstall,
und du hast 'nen Hosenknall,
noch dazu, blöde Kuh, ausgestopftes Känguru.

Florian der Kleine, ohne Arsch und Beine.
Vorne und hinten fängt er an zu stinken.

Liebespaar, küsst euch mal, auf den Mund ist gesund.
Liebespaar, noch ein Kuss, weil die Frau nach Hause muss.

Eins, zwei, drei, was seh ich da, ein verliebtes Ehepaar,
noch ein Kuss, dann ist Schluss,
weil der Mann nach Hause muss. Mutter kann nicht mit,
weil sie grad in Scheiße tritt.

Alle Kinder stehen ums brennende Haus -
nur nicht Klaus, der kuckt raus.
Alle Kinder pinkeln in die Rinne -
nur nicht Finne, der liegt drinne.
Alle Kinder haben eine Empfehlung (fürs Gymnasium) -
nur nicht Spacken, der bleibt backen.
Alle Kinder jagen den weißen Hai -
nur nicht Schröder, der ist der Köder.
Alle Kinder fahren auf der Dampfwalze -
nur nicht Gunter, der liegt drunter.
Allen Kindern steht das Wasser bis zum Hals -
nur nicht Heiner, der ist kleiner.

Angeschmiert -
mit Butter lackiert, abgeleckt -
hat gut geschmeckt.

Fang mich doch, du Eierloch!

Angsthase, Pfeffernase, morgen kommt der Osterhase.

Weggegangen, Platz vergangen.

Ilse Bilse, keiner willse, kam der Koch, nahmse doch.

Arne, Banane, Zucker mit viel Sahne.
Heute ist der letzte Tag, heute wird Radau gemacht.
Fenster, Türen aufgerissen und die Lehrer rausgeschmissen.

Es ist immer so gewesen, am letzten Tag wird vorgelesen.
Wir protestieren auf allen vieren, Schule ist ne Schweinerei,
wir verlangen Hitzefrei.

Ich bau mir ein kleines Haus - wenn ein Lehrer kommt,
schmeiß ich ihn raus.
Spieglein, Spieglein im Regal, die Schule ist mir scheißegal.
Mach dir nen duften Lenz und schwänz.

Ich bitt um eine Spende vor mich und meine Frau,
für neunundneunzig Kinder und einen Holzwauwau.

Ich hab so'n Knacken in den Hacken, ich glaub, ich muss mal kacken;
ich hab so'n Ziehn in den Knien, ich glaub ich muss mal pien.

Das Gras ist hoch, man kann kaum blicken,
es ist die rechte Zeit zum Rasenmähen.
Im Gras ist eine Kuhle, da suhlen sich zwei Schweine.
Dort oben am Himmel fliegt ein Geier,
von unten sieht man seine Füße.

Der Sarg klappt zu, die Witwe kichert,
denn er war Arroganz versichert.

Polizei, nackidei, auf der Straße liegt ein Ei.
Au weia, Au weia, der Hahn legt keine Eier.

HSV, alte Sau, steckt den Pimmel in'n Kakao,
zieht ihn wieder raus, ei, wie sieht das lecker aus.

Meister Lampe ging zu seiner Tante.
Aß den ganzen Kuchen auf und sagt noch nicht mal danke.

Eins, zwei, drei, in der der Bäckerei hat er auf den Boden geschissen,
hat vergessen aufzuwischen.
Kommt der Onkel Fritz, denkt es wär Lakritz. Steckt es in die Pfeife,
iih, das stinkt nach Scheiße.

Wenn sieben mit sieben Sieben sieben,
sieben sieben mit sieben Sieben.

Wenn Fliegen hinter Fliegen fliegen,
fliegen Fliegen Fliegen nach.

Der Leutnant von Leuthen befahl seinen Leuten
nicht eher zu läuten,
bis der Leutnant von Leuthen seinen Leuten das Läuten befahl.

Wie dekliniert man in Hamburg *die Heide:*
Die Heide, der Heide, Dehnhaide, Barmbek.

Was ist Kunst? Im runden Zimmer in die Ecke scheißen!

Auf diesem Klo, da wohnt ein Geist,
der jedem in den Hintern beißt, der hier zu lange scheißt.
Mich hat er aber nicht gebissen,
denn ich hab ihm auf den Kopf geschissen.

Sag mal *Klettergerüst* - du hast ne nackte Frau geküsst.
Sag mal *Rolle* - in zehn Minuten Arschkontrolle.

Geschenkt ist geschenkt - wiederholen ist gestohlen.

Eins, zwei, drei, Hühnerei, vier, fünf, sechs, kleine Hex.

Haumich und Pflaumich steigen auf einen Baum.
Pflaumich fällt runter. Wer bleibt oben?

AW-Sprache
Spielausdrücke

Die AW-Sprache wurde als geheime Verständigung zwischen Freun-
den oder Freundinnen benutzt. Um die Sprache für andere unver-
ständlich zu machen, wird vor jedem Vokal bzw. Diphthong *aw* ein-
gebaut. *Anton ist doof* heißt jetzt *Awantawon awist dawoof.*
Von Renate Hagemann, 71, während ihrer Schulzeit in Volksdorf
gesprochen.

Fau: von französisch la faute, der Fehler

Mi: das Mal

Klipp: mit verschränktem Zeige- und Mittelfinger deutet man an,
dass man eine Auszeit nimmt

güldet/ gildet nicht: kindlicher Ausdruck für *das gilt nicht*

Ausmeelen: Abzählen

Berliner Hochball

Man benötigt mindestens vier Leute und einen Ball. Einer hat den
Ball, wirft ihn hoch und ruft den Namen eines Mitspielers. Dieser
muss versuchen, den Ball möglichst schnell zu fangen, während die
anderen weglaufen. Wenn er den Ball gefangen hat, ruft er: *Stopp.*
Dann müssen die anderen stehenbleiben. Jetzt muss der mit dem
Ball sich einen Mitspieler aussuchen und überlegen, wieviele Silben
dessen Name hat. Hat der Name z. B. drei Silben, muss der mit dem
Ball auf den anderen mit drei Sprüngen zuspringen. Dann muss er
versuchen, den anderen abzubacken. Gelingt es ihm, so ist der andere an der Reihe. Wenn nicht, ist er selber dran.
Swantje, 12, Volksdorf, 1999

Das ist das Haus vom Nikolaus

Das ist das Haus vom Nikolaus
und nebenan vom Weihnachtsmann
und hinterdrein vom Christkindlein.

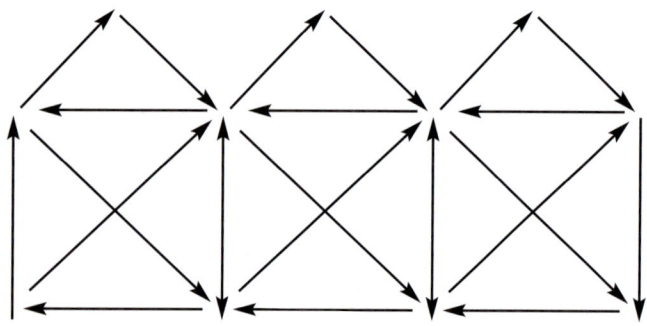

Die Kunst besteht darin, das Haus vom Nikolaus zu zeichnen, ohne den Stift ab- und wieder neu ansetzen zu müssen. Eine mögliche Richtung der Striche haben wir angegeben, die Reihenfolge möge jede, jeder selbst herausfinden.
Von Arne Hagemann, 34, früher in Volksdorf gespielt

Die Uhr

Ein Springtau-Spiel: Zwei Kinder schlagen das Seil, die anderen stellen sich in einer Reihe auf. Dann sagt man: *Die Uhr schlägt eins*. Der Erste in der Reihe springt nun rein und springt einmal und stellt sich dann wieder hinten in der Reihe an. Nun heißt es: *Die Uhr schlägt zwei*. Der Zweite springt nun zweimal und stellt sich hinten an. Dann springt der Dritte dreimal usw. Die Springtau-Uhr zählt bis zu 24 Stunden und fängt dann wieder von vorne an.
Cathrin, Christine, Swantje, 12, Volksdorf, 1999

Eierhüpfen

Man braucht mindestens zwei Spieler und einen Tennisball. Alle stellen sich hintereinander vor einer Wand in einer Reihe auf. Der Erste wirft den Ball an die Wand, so dass er abprallt. Wenn der Ball wieder herunter kommt, muss der Werfer mit gespreizten Beinen darüber springen und sein Hintermann muss den Ball auffangen.
Cathrin, Christine, Swantje, 12, Volksdorf 1999

In Altona hieß in den 30-er Jahren dasselbe Spiel *Eierlegen* und wurde mit einem normalen Ball gespielt. Wenn jemand nicht richtig über den Ball sprang, was damals für Mädchen schwierig war, da sie Röcke trugen, hieß es: *Eins, zwei, drei, verfaultes Ei!*
Inge Unbehauen, 73, 1999

Ein Hut, ein Stock, ein Regenschirm

Und 1 und 2 und 3 und 4 und 5 und 6 und 7.
Ein Hut, ein Stock, ein Regenschirm
und vorwärts, rückwärts, seitwärts, ran.
Hacke, Spitze, hoch das Bein.
Und 1 und 2...

Mehrere Kinder gehen nebeneinander und legen sich gegenseitig die Arme über die Schultern. Dann gehen alle im Gleichschritt und zählen *und 1 und 2 und 3 und 4 und 5 und 6 und 7*. Dann sprechen alle *ein Hut, ein Stock, ein Regenschirm*. Bei *vorwärts* gehen die Kinder einen Schritt vor, bei *rückwärts* einen zurück, bei *seitwärts* einen Schritt zur Seite, bei *ran* wird das Bein rangezogen, so dass man in einer geschlossenen Beinstellung dasteht. Jetzt tippt man mit der Hacke des rechten Fußes auf den Boden, dann mit der Spitze, danach hebt man das Bein. Dann beginnt alles von vorne.
Laura, 12, Winterhude, 1999

Eine Tasse Tee, Schokolade und Kaffee

Version 1

Das Spiel wird auf einem freien Platz von einer Gruppe von Kindern gespielt. Ein Kind dreht sich im Kreis und ruft dabei: *Eine Tasse Tee, Schokolade und Kaffee und Stopp!* Während dieser Zeit dürfen die anderen Kinder weglaufen. Bei *Stopp!* müssen alle wie angewurzelt stehenbleiben. Der Rufer darf jetzt Bildhauer spielen und die starr und passiv dastehenden Kinder zu interessanten Statuen formen.

Laura, 12, Winterhude, 1999

Version 2

Die Kinder stehen auf einem freien Platz. Ein Kind steht ca. 10 Meter entfernt. Es schließt die Augen, dreht sich einmal um sich selbst und ruft dabei: Eine Tasse Tee, Schokolade und Kaffee. Währenddessen müssen die anderen Kinder sich möglichst schnell dem Rufer nähern. Wenn der Rufer seinen Spruch beendet hat, öffnet er die Augen. Die anderen Kinder müssen jetzt wie angewurzelt stehenbleiben. Wer sich noch bewegt, scheidet aus. Jetzt ist wieder der Rufer an der Reihe. Das Spiel geht solange, bis eines der Kinder den Rufer tickt, ohne vorher in der Bewegung ertappt zu werden. Dieses Kind ist dann beim nächsten Mal der Rufer.

Von Kerstin Kretschmer, 39, in ihrer Kindheit in Volksdorf so gespielt

Fang mich

Ein Springtau-Spiel: Ein Kind springt in das schlagende Seil hinein und ruft: *Anne, fang mich mit drei.* Daraufhin springt es wieder aus dem Seil und die oder der Aufgerufene folgt ihm mit der angegebenen Sprungzahl, in diesem Fall mit drei Sprüngen. In Form einer Acht laufen sie um die schlagenden Mitspieler herum und dabei dreimal durch das schlagende Seil. Sobald ein Spieler einen Fehler macht oder der erste Spieler getickt wird, ist die Runde beendet und das nächste Paar kann beginnen.

Cathrin, Christine, Swantje, 12, Volksdorf, 1999

Fischer, Fischer, wie tief ist das Wasser?

Das Spiel wird auf einem freien Platz gespielt. Einige Kinder stehen einem *Fischer* gegenüber.

Die Kinder rufen: Fischer, Fischer, wie tief ist das Wasser?

Der *Fischer* antwortet: 1000 Meter tief.

Die anderen rufen: Wie kommen wir da rüber?

Der *Fischer* antwortet: Hüpfen!

Jetzt hüpfen die Kinder los, und der *Fischer*, der auch hüpfen muss, versucht, möglichst viele Kinder zu ticken. In der nächsten Spielrunde sind diese Kinder dann auch *Fischer*. Das Spiel wird solange mit immer neuen Fortbewegungsarten (rückwärts gehen, krabbeln, auf einem Bein hüpfen...) gespielt, bis nur noch ein Kind übrig bleibt, das dann *Fischer* wird.

Laura, 12, Winterhude, 1999

Flipp, Flopp

Alle stellen sich in einem Kreis auf und stellen die rechten Füße zusammen. Dann bekommt jeder eine Zahl (1, 2, 3, 4...). Der Erste ruft: *Flipp Flopp* und alle springen auseinander. Der Erste muss nun versuchen, auf den Fuß eines anderen zu springen. Dann ist der Zweite dran usw. Ist einer getroffen, ist er *raus*.

Cathrin, Christina, Swantje, 12, Volksdorf, 1999

Kippel-Kappel

Für dieses Spiel benötigt man einen Kippel, ein 15 cm langes, daumendickes Stück Holz, das an den Enden mit dem Taschenmesser angespitzt wird, und einen Schläger, den Kappel, einen 50 cm langen Stock. Zunächst wird im Erdboden eine 20 cm lange, 5 cm breite, 3 cm tiefe Furche ausgegraben. Zwei Spieler spielen bei diesem Spiel mit. Der erste Spieler legt den Kippel quer über die Furche, geht mit dem Kappel unter den Kippel und schleudert ihn möglichst weit fort in Richtung seines Gegenspielers. Dieser muss versuchen, den Kippel zu fangen. Gelingt es ihm, darf er eine vorher verabredete Anzahl von Schritten auf die Furche zu machen, ansonsten muss er von dem Ort, an dem der Kippel gelandet ist, versuchen, den Kappel zu treffen, den der erste Spieler nach seinem Schlag quer über die Furche gelegt hat. Gelingt es ihm, den Kappel zu treffen, ist er an der Reihe und das Spiel beginnt von vorne. Gelingt es nicht, nimmt der erste Spieler den Kappel wieder auf, schlägt auf eins der angespitzten Enden des Kippels, so dass dieser hochspringt und schlägt ihn dann aus der Luft möglichst weit fort. Gelingt ihm das nicht, ist wiederum der Gegenspieler an der Reihe. Gelingt es, muss der Gegenspieler nun versuchen, den Kippel in die Furche zu werfen. Gelingt ihm das, ist er an der Reihe, ansonsten darf der erste Spieler ein weiteres Mal den Kippel mit dem Kappel wegtreiben. Dieses Spiel lässt sich statt von nur zwei Kindern auch von zwei Mannschaften spielen.

Mutter, wie weit darf ich reisen?

Die Kinder stehen in einer Reihe. Ihnen gegenüber steht, ca. 7 m entfernt, ein einzelnes Kind, die *Mutter*. Sie wendet den Kindern den Rücken zu. Nun fragt ein Kind nach dem anderen mit verstellter Stimme: *Mutter, Mutter, wie weit darf ich reisen?* Darauf gibt die *Mutter* die Entfernung an, z. B. drei Mäuseschritte oder zwei Riesenschritte. Waren alle Kinder an der Reihe, beginnt das erste Kind erneut zu fragen. So nähern sich die Kinder der *Mutter*. Wer sie zuerst erreicht, darf im nächsten Spiel *Mutter* sein.

Von Kerstin Kretschmer, 39, in den 60-er Jahren in Volksdorf gespielt

PKW-Action

PKW-Action ist ein Frage und Antwortspiel, das gern in der Schule in Freistunden gespielt wird. PKW-Action steht für Prozent, Küssen, Wahrheit, Aktion. In der ersten Spielrunde *Prozent* fragt ein beliebiger Teilnehmer einen anderen: *Zu wieviel Prozent liebst du* oder *hasst du Anton?* (oder Bettina oder Florian). Der Befragte muss jetzt in Prozent antworten. Der eben Befragte darf in der zweiten Spielrunde *Küssen* jetzt einen anderen Teilnehmer befragen: *Wen willst du küssen?* Es folgen drei Namen zur Auswahl. Danach wird gefragt, ob auf die Wange, Mund oder Hand. Natürlich wird dieser Wille nun in die Tat umgesetzt. Ist dies vollbracht, darf derjenige, der geküsst hat, jetzt in der Spielrunde *Wahrheit* die Fragen stellen, z. B. *Bist du Bettnässer?* Der Befragte muss wahrheitsgemäß antworten. In der Spielrunde Action darf er jetzt jemanden die Aufgaben stellen, wie z. B. Handstand, Radschlagen... Dann beginnt PKW-Action von vorne.
Theresa, 12, Uhlenhorst, 1999

Probe

Probe ist ein Geschicklichkeitsspiel mit dem Ball. Aus einem Meter Abstand wird der Ball gegen eine Wand geworden. Wenn der Ball abprallt, wird er in verschiedener Weise zurückbefördert, und zwar mit der linken Faust, mit der rechten Faust, mit beiden Fäusten, mit gefalteten Händen, mit der flachen linken Hand, mit der flachen rechten Hand. Dann wird der Ball gefangen und unter einem Bein hindurch an die Wand geworfen, dann um den Rücken herum, jeweils erst links, dann rechts. Dieses Spiel wurde häufig von einem einzelnen, größeren Kind gespielt, während kleinere Kinder dabei zukuckten.

Eine Variation ist die *Geschichten-Probe*, bei der ein größeres Kind den kleineren, umstehenden Kindern zu diesem Ballspiel Geschichten erzählt, die etwa so gingen: *Es war einmal ein Mädchen, das hatte ganz nette Eltern und diese Eltern, die kauften ihr immer die schönsten Kleider...* Manchmal wurde Probe auch von mehreren Kindern gespielt. Dann wurde die genaue Reihenfolge der Würfe festgelegt und auch deren Anzahl. Wenn ein Kind einen Fehler, machte, riefen die anderen *Fau* - von französisch la faute (Fehler) - und das nächste kam dran.
In Altona in den 30-er Jahren so gespielt und 1999 aufgezeichnet von Inge Unbehauen, 73

Schangeln

Schangeln wird von mehren Kindern mit Sammelkarten von Fußball-spielern gespielt. Die Karte werden gegen eine Wand *geschangelt*, d.h. mit einer Bewegung aus dem Handgelenk geschleudert. Der reihe nach schangelt jeder Mitspieler seine Karte gegen die Wand. Derjenige, dessen Karte am nächsten an der Wand liegt, hat den Wurf gewonnen und darf die Karten der anderen behalten. - Der Streit war bei diesem Spiel vorprogrammiert, da derjenige, der einen guten Wurf gemacht hatte, danach meist aufhören wollte. So gespielt von Peter Dölling, 44, in seiner Kindheit in Holzminden

Schweinchen in der Mitte
Springtau

Mindestens drei Kinder benötigt man für dieses Spiel. Zwei Kinder stellen sich mit ca. 3 m Abstand auf und werfen einen Ball hin und her. Einer oder mehrere stehen in der Mitte und versuchen, den Ball zu fangen. Ist es einem von ihnen gelungen, muss derjenige, der zuletzt geworfen hat, mit dem Fänger tauschen. Dann wird das Spiel fortgesetzt.
Cathrin, Christina, Swantje, 12, Volksdorf, 1999
Dies ist die zartere Version von Völkerball, wo die Außenstehenden versuchen, die Kinder in der Mitte abzuwerfen. Gelingt es ihnen, so tauschen sie, kann ein Kind den Ball aber fangen, so sammelt es damit Punkte.

Springtau 1956
Seilspringen hieß in Hamburg Tauspringen, dazu sangen die Kinder den Vers *Teddybär, Teddybär sei nicht dumm/Teddybär, Teddybär mach dich krumm* (siehe Seite 158/159) Ab krumm sprangen sie gebückt, auf einem Bein und mit allen möglichen Raffinessen. Beim *Eierschlagen* etwa mussten zwei Taue im Wechselschlag übersprungen werden.
Entnommen dem Hamburger Abendblatt im Januar 2000

Tat, Pflicht oder Wahrheit

Für dieses Spiel werden mindestens drei Leute gebraucht, die sich im Kreis hinsetzen - je mehr, desto besser. Jeder bekommt der Reihe nach von seinem rechten Nachbarn die Frage gestellt, ob man *Tat, Pflicht* oder *Wahrheit* möchte. Bei *Tat* muss man sich von drei Aufgaben, die der Nachbar stellt, eine aussuchen, z. B.: 1. Du schenkst Klaus Blumen, 2. Du musst einen von uns auf dem Rücken über den Hof tragen, oder 3. Du stellst dich auf den Misthaufen und schreist zweimal: *Markus, ich liebe dich*. Bei *Pflicht* wird einem eine Aufgabe gestellt, z. B. Schenk Klaus Blumen und diese muss ohne wenn und aber erfüllt werden. Bei *Wahrheit* muss man etwas gestehen, z. B. in wen man verliebt ist. Dieses Spiel spielt sich am besten draußen, es ist aber auch drinnen gut möglich.
Laura, 12, Winterhude, 1999

Verliebt, verlobt, verheiratet

Verliebt, verlobt, verheiratet, geschieden,
wieviele Kinder willst du kriegen?
Eins, zwei, drei...
Springtauspiel: Zwei Kinder schlagen das Seil, ein Drittes springt hinein. Jetzt wird mitgezählt, bis es einen Fehler macht. Dann kommt das nächste Kind an die Reihe.
Meiendorf, 1988

Versteckspielen

Verstecken wird von einer Gruppe von Kindern gespielt. Es wird ein Mal oder Mi vereinbart, ein Ort an dem eins der Kinder, mit dem Gesicht zur Wand gedreht, zählen muss, während sich die anderen Kinder verstecken. Wenn das Kind bis zur vereinbarten Zahl gezählt hat, folgt dieser Spruch: *Eins, zwei, drei, vier, Eckstein, alles muss versteckt sein. Hinter mir und vorder mir güldet nicht, ich komme!* Dann beginnt die Suche nach den versteckten Kindern. Ist ein Kind entdeckt worden, beginnt ein Wettlauf zum Mi. Wenn der Sucher zuerst am Mi anlangt, mit der Hand anschlägt und den Namen des entdeckten Kindes ruft, muss dieses Kind in der nächsten Spielrunde *sein*, also suchen. Schlägt das entdeckte Kind zuerst an und ruft *Mi*, darf es sich bei der nächsten Spielrunde wieder verstecken. Schafft der Sucher es nicht, ein Kind *anzuschlagen*, muss er in der nächsten Runde wieder suchen.

Wer hat Angst vorm schwarzen Mann

Ein Kind spielt den *schwarzen Mann*. Alle anderen stehen ihm in einer Reihe in größerem Abstand gegenüber. Der *schwarze Mann* ruft: *Wer hat Angst vorm schwarzen Mann?* Die anderen antworten: *Keiner! Und wenn er kommt, dann laufen wir.* Der schwarze Mann läuft den Kindern entgegen und versucht möglichst viele zu ticken. Diese Kinder kommen dann mit auf seine Seite. Diese Kinder spielen nun auch den schwarzen Mann. Wer zuletzt übrig bleibt, ist beim nächsten Spiel der *schwarze Mann*.
Von Britta und Arne Hagemann, 34, in den 70-er Jahren in Volksdorf gespielt

Dieses Spiel führen die Volkskundler auf die Pesttänze des Mittelalters zurück, durch die man der Seuche zu entgehen hoffte.

Andere Bücher dazu

Paul Alpers, Die alten niederdeutschen Volkslieder, Hamburg, 1924

Hans Appel, Straßenspiele der Kinder, Hamburg, 1947, unveröffentlicht

Achim von Arnim und Clemens Brentano, Des Knaben Wunderhorn, 1805-1808, Neuauflage Wiesbaden, o. J.

Ulrich Baader, Kinderspiele und Spiellieder, Tübingen, 1979

Rita Bake, Martha Hückstaedt, Ein Frauenleben zwischen Hamburg und Holstein, Hamburg, 1996

Hermann Böse, Volkslieder, Berlin, 1914

Ivo Braak, Poetik in Stichworten, Kiel, 1965

Wilhelm Brednich u.a., Handbuch des Volksliedes, München, 1973

F. A. Brockhaus, Der große Brockhaus, Wiesbaden, 1956

Heide Buhmann und Hanspeter Haeseler, Das kleine dicke Liederbuch, Schlüchtern, 1986

Deutsches Volksliedarchiv, Freiburg i. Br.

Erika und Hugo Döbler, Kleine Spiele, Berlin, 1972

Gisela Dürr und Martin Stiefenhofer, Abzählreime & Hüpfspiele, Augsburg, 1998

Georg Eilers, Hamburgs Vergangenheit, Hamburg, 1923

Hans Magnus Enzensberger, Allerleirauh, Frankfurt am Main, 1961

Armin Fett, Die Handharmonika, Trossingen, o. J.

Hannelore Flohr u. a., Wullt mit mi spölen? Aurich, 1998

Hans Förster, Achtern Diek, Hamburg, 1910

Hans Förster, Die malerischen Vierlande, Hamburg, 1918

Hans Förster, Marschländer Fahrten, Hamburg, 1924

Hans Förster, Alt Hamburg heute in Wort und Bild, Hamburg, 1937

Hans Förster, Malerische Marschen, Hamburg, 1938

Thomas Freitag, Bertold Brecht und Hanns Eisler in ihrem künstlerischen Schaffen für Kinder, Mainz, Musik in der Schule 2/98

Herbert und Elisabeth Frenzel, Daten deutscher Dichtung, Köln, 1953

Helmut Glagla, Das plattdeutsche Liederbuch, München, 1980

Helmut Glagla, Hamburg im plattdeutschen Drehorgellied des 19. Jahrhunderts, Hamburg, 1974

Claus-Peter Gross, ...verliebt ...verlobt ...verheiratet, Berlin, 1986

Friedrich Hebbel, Durch Irren zum Glück, Berlin, 1907

Anna Helms und Julius Blasche, Bunte Tänze, Leipzig, 1913

Wolfgang Hubrich, Historische Lieder aus acht Jahrhunderten, Hamburg, 1989

Fritz Jöde, Hamburger Musikant, Hamburg, 1927

Fritz Jöde, Ringel Rangel Rosen, Wolfenbüttel, 1949

Fritz Jöde und Heinrich Schumann, Uns plattdütsch Singbook, Wolfenbüttel, 1969

Heidger Juschka, Das norddeutsche Kinderbuch, Hamburg, 1980

Eckart Klessmann, Geschichte der Hansestadt Hamburg, 1981

Gustav Kneip, Schleswig-Holstein im Volkslied, Glinde, 1983

Kulturbehörde HH-Hamburg, Hamburg-Berlin, Berlin-Hamburg, Hamburg, 1987

Max Laudan, Hamburger Jugendlieder, Hamburg, 1925

Wilhelm Lehnhoff, Schöne alte Singspiele, München, 1907

Gertrud Losch, Kinderspiele, Bad Godesberg, 1963

Gertrud Losch, Kinderspiele, Bonn-Bad Godesberg, 1982

Conrad Meyer, Die Kinderspiele, Zürich 1657, Neuauflage Zürich, 1970

Heike Müns, Niederdeutsches Liederbuch, Rostock, 1981

Paul Neumann, Lieder und Sprüche auf Hamburg, Hamburg, 1960

Niederdeutsche Singschar, Max Laudan zum Gedächtnis, Hamburg, 1964

Politikens Forlag, Lystige Viser for Börn, Kopenhagen, 1967

Konrad Reich, Das große plattdeutsche Bilderbuch, Rostock, 1986

Heinz Rölleke, Das Volksliederbuch, Köln, 1993

Achim Roscher, Ilse Bilse, Stuttgart, 1971

Otto Schmidt-Carstens, Kibbel-Kabbel, Hamburg, 1982

Werner Schröder, Die Vierlande, Hamburg, 1996

Werner Schröder, Die Hitscherberger, Hamburg, 1984

Erwin Schwarz-Reiflingen, Die Drehorgel, Hamburg, 1949

Joachim Stave, Rummelpottlaufen, Hamburg, 1956

Wolfgang Steinitz, Deutsche Volkslieder demokratischen Charakters, Berlin, 1955

Fritz Stoffert, Jugenderinnerungen, Bergedorf, 1895, unveröffentlicht

Tränckner u. a., Liederbuch für Schleswig-Holstein, Bordesholm, o. J.

Hermann Volkhausen, Hamburger Jugendlieder, Hamburg, 1923

Ingeborg Weber-Kellermann, Das Buch der Kinderlieder, Mainz, 1997

Jochen Wiegandt, An de Eck steiht'n Jung mit'n Tüdelband, Hamburg, 1993

Jochen Wiegandt, Dor bin ick to Hus, Hamburg, 1996

Johanna Woll, Alte Kinderspiele, Stuttgart, 1988

Hans Christoph Worbs, Das große Buch vom deutschen Volkslied, Gütersloh, o. J.

Paul Wriede, Plattdeutsche Kinder- und Volksreime, Hamburg, o. J.

Die CD und der Mensch zum Buch

Fast alle Lieder dieses Buches gibt es auch auf der CD *Dass ihr euch ja nich' schietig macht!* Ca. 70 Minuten Musik. Kinder singen hier unverfälscht ihre eigenen Lieder. Zur Hälfte stammen die Lieder aus dem Jahr 1988, zur anderen Hälfte aus dem Jahr 1999. Sollten sie das Buch ohne CD erworben haben, können Sie diese nachbeziehen. Über: Musikschule Peter Unbehauen, Schenkendorfstraße 33 22085 Hamburg-Uhlenhorst Telefon: 040 · 2293002
DM 29,80 zzgl. DM 5,-- Versandkosten

Peter Unbehauen ist Musiker und Musiklehrer in Hamburg. Mit der Stadt und dem Hafen und ihren Liedern ist er aufgewachsen: Die Unbehauens sind eine alte Familie von Fahrensleuten, von der Klaus Groth so fasziniert war, daß er dem *Schipper Unbehauen* in seinem Gedicht *Koptein Pott* ein Denkmal setzte. Schon als Siebenjähriger führte er diese Tradition fort, wenn sein Großonkel Franz ihn aufforderte : *Peiter, nu speel mol watt op dien Wimmerschinken.*
Einen Grundstein für die intensivere Auseinandersetzung mit Volksliedern bildete der Musikunterricht bei Heinrich Schumann, der zusammen mit Fritz Jöde *Uns Plattdütsch Singbook* herausgab, und bei Alfred Büttner, dem langjährigen Leiter der Niederdeutschen Singschar. Seit fast 20 Jahren unterrichtet Peter Unbehauen nun selbst Musik und Singen in seiner Musikschule.

Abbildungsnachweis

Archiv Familie Dunkelberg 15; 46; 59; 154

Archiv Familie Hagemann 117; 123; 167; 183; 184; 191; 195; 199

Archiv Familie Unbehauen 13; 19; 21; 31; 35; 37; 39; 41; 51; 69; 73; 87; 91;
105; 119; 129; 135; 141; 151; 159; 161; 177; 181; 193; 205

Herbert Dombrowski 27; 49; 76; 101; 103; 125; 143; 145; 198 und Umschlagfoto

Paco Minuesa/Kerstin Kretschmer 107

Ulla Nettelbeck 121; 127

Werner Schröder 137

Peter Unbehauen 33; 43; 83; 113; 149; 179

Alle weiteren, bisher nicht aufgeführten Abbildungen stammen aus dem Archiv des Dölling und Galitz Verlags